张笑一·著

中等强国外交行为理论视野下的
加拿大北极政策研究

A Study of Canada's Arctic Policy Informed by Theories of Middle Power

时事出版社
北京

献给我的丈夫博然和女儿香玖，
你们使一切成为可能

序 一

本书是作者将其同名博士论文改写而成的。由于我参加了她的论文开题报告以及后来的答辩，有幸先睹为快，所以愿意把自己的感想与大家分享，作为本书之序。

在开题时，作者对于如何写好这篇博士论文似乎还没有完全想清楚。当然这并不奇怪，不少博士生（连同他们的导师）正是指望通过开题讨论得到一些启发。但在答辩前，我惊讶地发现她论文的成熟度已非常之高。显然，在开题之后，作者对论文的整体框架以及中心思想重新进行了认真组织和深入思考。在职博士生的求学艰辛常人难以完全理解，但我想说作者的付出和努力是值得的。

本书有几大亮点。书名《中等强国外交行为理论视野下的加拿大北极政策研究》里边有个关键词——中等强国。由于人们平常讨论国际问题时用中等强国这一概念较少，所以有些读者对此可能有些陌生。但如果要研究中等强国的话，加拿大可以说是最合适不过的对象了。事实上，就连"中等强国"这一概念也是加拿大发明的。1944年2月，正值各国为二战后世界谋篇划局之际，时任加拿大外交部长迈克尔·皮尔逊首次提出加拿大要扮演"中等强国"的想法。在皮尔逊看来，当时世界上存在英国、法国、美国、苏联这样一些"既有权力和责任也有控制力的"大国，也存在没有权力和责任并对控制力不感兴趣的小国。而他认为加拿大是居于这两个"群体"之间的国家，"加拿大有一种机会，就是成为中间这个群体，……也就是中等强国的领导者"。中等强国概念的提出不仅为战后加拿大外交打开了新思路，也为国际关系研究提供了新视角，并激发了很多中等强国相关理论的诞生。总之，我觉得本书用中等强国外交行为理论来审视加拿大外交是合适的。

二战结束以及之后冷战的开始标志着一个新时代的降临。加拿大对新时代自身地位的思考并没有停留在口头上，而是在萌生了中等强国这一设想后，一步一步运筹谋划，力图通过鲜活的外交实践来证明该设想的合理性和可行性。众所周知，加拿大拥有的北极地区面积达 350 万平方千米，仅次于俄罗斯。北极在加拿大外交中占有极其重要的位置。然而，战后以来加拿大对该地区主权所开展的艰难曲折的维权斗争并不为很多人所知。本书告诉我们，"北部"是加拿大民族认同的重要组成部分，加拿大在国歌中非常自豪地将自己的家园称为"真正强大而自由的北方国度"。这里所说的"北部"就是加拿大的北极地区，而其在该地区的领土主权和领海主权在二战结束前并没有获得国际社会的认可。加拿大逐步树立和巩固其在北极地区的岛屿和水域的主权贯穿于 1945 年到 1993 年。这也正好构成了本书的重点。作者力图通过剖析战后以来加拿大北极政策的演变过程，探寻出中等强国的外交行为规律。在我看来，本书的重点实际上也是其亮点。

以何种分析工具来研究作为中等强国的加拿大的北极外交，作者费了不少心思。为了增强解释力，本书将国际关系理论和历史分析法进行了较好的结合。第二、三章分别对冷战时期和冷战后加拿大的北极政策进行了较为全面的梳理和分析，第四、五章则选择了《北极水域污染防治法》和北极理事会的成立作为重要案例来验证亚当·查普尼克提出的中等强国理论的"功能路径"和"行为路径"理论。通过历史和案例分析，本书认为，加拿大在北极地区的外交行为总体上反映出独立性逐步增强、对美国依赖性逐步减弱的趋势，而每个阶段的发展又都是国际形势与加拿大的国内因素共同作用的结果。

本书最后一章讨论了中国与加拿大开展北极事务合作的背景和潜力，并认为加拿大在北极政策领域的独立性以及在北极地区的区域治理方面的影响力使其成为中国在北极值得加强合作的对象。这一章不是本书的重点，因此作者并没有深入展开。这可以成为作者未来研究的一个方向。

最后，再讲点题外话。中等强国的崛起已是一个客观现实。在现在人们所说的中等强国的名单中既包括所谓老牌的，如加拿大、澳大利亚，也包括新兴的，如韩国、巴西、土耳其。也有人将澳大利亚划为新兴的。总之，与新兴大国一样，中等强国在国际上的地位和作用也处于上升通道。中等强国虽然重要，但在中国外交中似乎还没有得到明显的重视，在"大国是关键、周边是首要、发展中国家是基础、多边是舞台"的安排中也找不到合身的位置。近年来，中国提出了一系列重要的外交新理念、新思想、新战略，包括构建新型大国关系、共建"一带一路"倡议、树立正确的义利观、建立"命运共同体"等等。未来，随着中国与外部世界关系的不断深入，中国国际地位和影响力的持续上升，中国与中等强国开展紧密互动的重要性将日益突出。我们有理由期待中国与中等强国的合作将得到更大的重视，也期待作者有更多新的关于中等强国的研究成果问世。

冯仲平

（中国现代国际关系研究院副院长、研究员、博士生导师）

序 二

《中等强国外交行为理论视野下的加拿大北极政策研究》是一部重要著作，作者张笑一是学术界冉冉升起的新星。她的研究已被加拿大研究学者甚至其他领域学者关注。笑一拥有国际关系博士学位，获得了一系列奖学金并且是哈佛大学肯尼迪政府学院的 Rajawali 学者。她发表了许多研究成果，其中一些文章刊登于中国国际关系核心期刊《现代国际关系》和《国际论坛》上，她还为加拿大著名智库"加拿大国际理事会"的书籍撰写章节。她在学术上的成就使她荣获 2012 年度"加拿大研究专项奖"。除此之外，笑一在中国的英语语言教学上也扮演着重要角色。她曾为中共中央组织部培训过部级领导，并编写了多本教科书。笑一不仅着眼于对加拿大的学术研究，同时还推动中加两国之间积极往来。她接受过两国不同媒体关于中加双边关系的新闻采访；参与了二轨外交，比如在多伦多市长苗大卫（David Miller）与北京市长会面时担任口译，还促成了加拿大大使馆人员和全国政协外事委员会主任赵启正的会面。

《中等强国外交行为理论视野下的加拿大北极政策研究》是笑一的最新著作，也是她迄今为止最为宏大的研究项目。气候变化问题在全球日益凸显，人们对北极地区的关注也迅速上升。书中讨论的重要实质性议题体现了本书的时效性，尤其是西北航道的潜在价值和与之相关的北极主权相关问题——这一点对加拿大尤为重要。本书重点关注加拿大北极政策的发展历程,其运用的理论方法和事实证据都是最先进的。本书融合了一系列的概念,用严谨但通俗的眼光看待加拿大北极地区的历史。一些主要问题,例如北极理事会的发展历程,在作者深度思考之下予以客观呈现。本书最有价值的贡献之一是:加拿大北极政策的发展历程何以运用"等级路径""功能路径"和"行为路径"理论予以解读。在阐释加拿大与美国之间几十年来在北极地区关系的发展上,本书尤有帮助。本书另一个积极方面是结合了已有的中等强国外交理论。因此该书的重要性体现在形成了新概念,创新性地结合了本领域已有思想和扎实的研究。

这本书是对不同领域感兴趣的学者必不可少的读物。政治学者、历史学家、对加拿大或北极地区有跨学科兴趣的学者都能从中发现价值。本书通俗易懂,通过阅读本书,政策制定者和普通大众都能获益匪浅。

帕特里克·詹姆斯
[南加州大学教授、国际研究协会主席(2018—2019年)]

A Study of Canada's Arctic Policy Informed by Theories of Middle Power Diplomatic Behavior is an important book by a major author. The author, Zhang Xiaoyi, is a rising star in the academic world, with a record already well-known among scholars of Canadian Studies and beyond. With a doctoral degree on international relations, Xiaoyi's record of scholarship led recently to an appointment as Rajawali Fellow at the Kennedy School of Harvard University. Among her publications are articles in *Contemporary International Relations* and *International Forum*, leading IR journals in China, along with chapters in books from leading Canadian think-tanks, such as Canadian International Council. Her academic achievements made her a recipient of Special Award for Canadian Studies in 2012. Xiaoyi also plays a significant role in English language training within China. She once coached China's ministers for the Central Organization Department and is already the author of several textbooks. Besides her academic focus on Canada, she also promotes positive interactions for Canada and China with each other. She has taken press interviews on bilateral relations for audiences from both countries and has had certain involvement in Track Two diplomacy, such as interpreting for Mayor David Miller of Toronto for his meeting with his counterpart in Beijing and forging the meeting between members of Canadian embassy and Mr. Zhao Qizheng, Chairman, Foreign Affairs Committee, National Committee of the Chinese People's Political Consultative Conference (CPPCC).

A Study of Canada's Arctic Policy is Xiaoyi's newest book and most ambitious project to date. With climate change increasing in salience as a topic around the world, interest in the Arctic is rising rapidly. Among the substantive issues of great importance, which make this work so timely, are the potential for a northwest passage and resulting matters related to Arctic sovereignty, most notably for Canada. This work focuses on how Canadian Arctic policies have developed. Both theorizing and evidence are first-rate. The book blends together a number of concepts to provide a rigorous yet accessible treatment of Canadian history in the Arctic region. Major developments, such as the advent of the Arctic Council, are presented in a fair and thoughtful way. One of the most valuable contributions of this book is to show how Canadian Arctic policies can be explained over time via a series of approaches: hierarchical, functional and behavioral. This book is especially helpful when it comes to explaining how the Canadian relationship with the United States has unfolded over decades in the Arctic region. Another very positive aspect of this book is its connection with the longstanding theory of middle power diplomacy. Thus *A Study of Canada's Arctic Policy* is important for its new concept formation, innovative incorporation of sustained ideas in the area, and excellent research.

This book is essential reading for those with interests in any number of fields. Political scientists, historians and other scholars will find value here. So, too, will those with interdisciplinary interests in Canada or the Arctic. This work is quite accessible and thus policy-makers and the lay public will gain a great deal from looking through its pages.

Patrick James
Professor, University of Southern California
President, International Studies Association, 2018 – 19

目 录
CONTENTS

导论 …………………………………………………… (1)
 第一节 研究目的与意义 ………………………… (1)
 第二节 研究现状 ………………………………… (4)
 第三节 研究方法、难点与创新之处 …………… (16)

第一章 中等强国理论框架 ………………………… (20)
 第一节 概念界定 ………………………………… (20)
 第二节 中等强国外交行为理论 ………………… (23)
 第三节 分析框架 ………………………………… (36)

第二章 冷战期间加拿大的北极政策
    （1945—1993）………………………………… (40)
 第一节 确立北极岛屿主权（1945—1968）……… (43)
 第二节 基本确立北极水域主权（1968—1993）… (51)
 小结 ……………………………………………… (65)

第三章 冷战后加拿大的北极政策
（1993—2015） ………………………………（68）
第一节 北极理事会成立初期的区域治理
　　（1996—2006） ………………………………（69）
第二节 北极理事会确立在北极治理中的核心
　　地位（2006—2015） ……………………（75）
小结 …………………………………………………（87）

第四章 "功能路径"外交案例：《北极水域
污染防治法》………………………………（89）
第一节 "曼哈顿"号航行带来的舆论危机 ………（90）
第二节 功能主义解决方案：《北极水域污染
　　防治法》…………………………………（94）
小结 ………………………………………………（107）

第五章 "行为路径"外交案例：北极理事会的成立……（108）
第一节 北极理事会成立的前奏："北极
　　环保战略"………………………………（110）
第二节 北极理事会议程的产生 …………………（116）
第三节 克雷蒂安政府推动北极理事会的
　　成立 ……………………………………（127）
小结 ………………………………………………（141）

第六章 中加北极合作 …………………………………（142）
第一节 背景 ………………………………………（142）

第二节　合作潜力 …………………………………… (144)
小结 ………………………………………………………… (152)

结论 ……………………………………………………… (154)

附录　北极理事会成立宣言 …………………………… (163)

参考文献 ………………………………………………… (166)

导 论

第一节 研究目的与意义

进入新世纪以来，北极地区成为全球瞩目的焦点。一方面，北极地区气候变化的全球性影响不可小觑[1]；另一方面，北极地区可能蕴藏着900亿桶石油、几千万亿立方英尺天然气、铁矿石和钻石等矿藏[2]，假如西北航道通航，将大大缩短亚洲到欧洲和美国位于大西洋各港口之间的航行时间并增加航运能力。[3] 在北极地区，严峻的挑战与巨大的机遇并存。不仅俄罗斯、美国、加拿大、挪威、瑞典、芬兰、丹麦、冰岛等八个北极国家力图在北极的各个领域深耕细作并强化对北极地区的治理，北极域

---

[1] Rob Huebert et al., "Climate Change & International Security: The Arctic as a Bellwether" (Center for Climate and Energy Solutions, May 2012), pp. 7 – 13, retrieved on April 4, 2016, from http://www.c2es.org/publications/climate-change-international-arctic-security.

[2] Franklyn Griffiths et al., *Canada and the Changing Arctic: Sovereignty, Security, and Stewardship* (Ontario: Wilfrid Laurier University Press, 2011), pp. 146 – 147.

[3] Rob Huebert, "Climate Change and Canadian Sovereignty in the Northwest Passage," *Isuma*, II (Winter 2001 – 2002).

外国家也积极参与到北极事务中来。中国在"近北极国家"的定位的基础上，于2013年成为北极理事会观察员，并积极参与方方面面的北极事务，北极在中国外交战略中的重要性日益突出。

加拿大是北极地区的区域大国，其北极地区的国土面积达350万平方公里，仅次于俄罗斯。不仅如此，北极地区是加拿大民族认同感当中的重要因素，正如加拿大国歌里唱的那样，加拿大自认为是一个"真正强大而自由的北方国度"。加拿大是北极地区区域治理的最重要的推动者，是目前北极治理的核心机构北极理事会的缔造者，在北极地区的区域性事务中有着举足轻重的影响力。

北极问题是加拿大外交中的一项重要议程。然而，加拿大外交中几乎所有议题都受到美国因素的影响。在加拿大的外交行为中，对美国的依赖问题是一个永恒的主题[1]，加拿大的北极政策也不例外。由于阿拉斯加州地处北极区域，美国也属于北极国家，所以美国在加拿大的北极政策的制定和执行中的影响不言而喻。

加拿大北极政策可以追溯到第二次世界大战后初期，并且经历了一个演变的过程。如果中国希望深度参与北极事务，深入研究加拿大这样一个北极区域大国的北极政策及其特点十分必要，对于加拿大在北极问题上对美依赖性的评估也具有很强的现实意义。本书拟通过此研究回答以下问题：

1. 二战后加拿大的北极政策经历了一个怎样的演变过程？其

---

[1] Stephen Clarkson, ed., *An Independent Foreign Policy for Canada?* (Toronto: McClelland & Stewart [for the University League for Social Reform], 1968). Brian Bow & Patrick Lennox, eds., *An Independent Foreign Policy for Canada? Challenges and Choices for the Future* (Toronto: University of Toronto Press, 2008). 两本书相隔40年，主题完全相同，都是关于加拿大能否拥有独立于美国的外交。

中各阶段有何特点？导致这些变化的背景和原因是什么？整体上又呈现出什么趋势？

2. 哪些关于中等强国外交行为的理论可以解释加拿大的北极政策？

3. 解读加拿大北极政策对于中国与加拿大在北极问题上开展合作有何启示？

本书拟将二战后加拿大北极政策的演变划分为三大阶段：一是1945年到1968年，是加拿大取得在北极相关区域的岛屿主权的阶段；二是1968年到1993年，是加拿大基本实现了在北极地区的水域主权并宣布其完全主权的阶段；三是1993年之后，是加拿大在北极进行区域治理的阶段。通过运用三种不同的中等强国外交行为理论对不同时期的加拿大北极外交政策的分析，可以揭示出不同阶段加拿大北极政策的特点。从整体上看，在国际形势和国内力量的共同作用下，三个阶段的加拿大北极外交政策呈现出对美依赖性逐步减弱、独立自主性逐步增强的演变趋势：1945年到1968年之间加拿大的北极政策基本上全盘执行美国的部署；1968年到1993年加拿大的北极外交在不冒犯美国基本立场的前提下寻找可以作为突破口的具体领域，并以维护美国立场为条件逐步赢得美国的默许；1993年之后，加拿大北极政策虽然对美国也有妥协，但基本执行了在北极地区的区域治理议程。加拿大主导的北极区域治理机制既独立于联合国体系之外，又整合了美国等北极地区强国。

本项研究具有一定的理论意义和现实意义。就理论意义而言，本书试图对分散的中等强国理论进行梳理以增强中等强国理论的解释力。本书从建构主义理论视角出发，认为"中等强国是由中等强国的外交行为造就的"[1]，强调中等强国的外交行为在建构其中等强国身份过程中的重要作用，因而侧重于中等强国外交行为理论和中等强国的外交行为的研究。在此基础上，本书试图探究分散的三种中等强国外交行为理论之间的联系，并运用这些理论对加拿大的北极政策这样一个相对完整的外交行为过程进行解读。本书的现实意义在于，由于加拿大是北极地区的区域大国，对于加拿大北极政策的来龙去脉的梳理有助于中国了解加拿大北极政策演变的动因，为中国更好地与加拿大合作深入参与北极事务提供参考。

第二节 研究现状

本书拟运用中等强国的外交行为理论，对二战后加拿大的北极政策进行史论结合的梳理，以期对中国与加拿大在北极问题上深化合作有所启示。本部分将从中等强国理论、中等强国外交、加拿大的北极政策、中国与加拿大在北极的合作这四个角度对现有文献进行总结。

一、中等强国理论

对于何谓"中等强国"，学界曾尝试做出各种定义，其中

---

[1] 原文是："中等强国是由加拿大造就的"（middle power is what Canada makes of it），此处借用了温特的"无政府主义是国家造就的"（anarchy is what states make of it）。Petra Dolata-Kreutzkamp, "Canada's Arctic Policy: Transcending the Middle Power Model?" *Canada's Foreign and Security Policy: Soft and Hard Strategies of a Middle Power*, eds. Nik Hynek & David Bosold (Ontario: Oxford University Press, 2010), p. 251.

有基于加拿大经历的研究[1]，也有基于澳大利亚经历的研究[2]。以卡尔滕·霍尔布兰德（Carsten Holbraad）[3]为代表的以数据为基础的路径，通过计算各国国民生产总值、人口以及其他涉及综合国力的因素，得出某国在国际体系中的综合排名，以此来确定哪些是实力居于中游的国家，并将其界定为"中等强国"。实力是一个国家进行外交决策最关键的考量因素之一，因而对中等强国的研究有重要意义。然而，这种研究方法存在明显缺陷：一是不同学者在计算各国综合国力的数据标准选取上不能达成一致，二是硬实力本身不能完全说明一个国家会如何运用这些实力开展外交。以罗伯特·基欧汉（Robert Keohane）为代表的"心理维度"，即在讨论一个国家在国际体系的角色时除了考虑客观的物质实力以外，也就是"与其总是关注一个国家如何保护自己的资源，不如关注一下国家的领导者们如何看待他们国家所扮演的'体系角色'"[4]。这种角度是对纯粹"客观"的"体系—结构路径"的重要补充，然而这一研究路径的缺陷在于，难以考察该国如何认定自己在体系中扮演的角色，特别是应该把谁的观点纳入考察对象、如何判断这些观点在实际当中得到落实。对于中等强国的外交行为理论，根据亚当·查普尼

---

[1] J. King Gordon, ed., *Canada's Role as a Middle Power* (Toronto: The Canadian Institute of International Affairs, 1965); John W. Holmes, *Canada: A Middle-Aged Power* (Toronto: Carleton University Press, 1976).

[2] Andrew Ossie Carr, *Australia as a Middle Power Norm Entrepreneur in the Asia-Pacific 1983 - 2010* (PHD thesis of University of Canberra, March 2012); Carl Ungerer, "The 'Middle Power' Concept in Australian Foreign Policy," *Australian Journal of Politics and History*, LIII (November 2007), pp. 538 - 551; Mark Beeson, "Can Australia Save the World? The Limits and Possibilities of Middle Power Diplomacy," *Australian Journal of International Affairs*, XLV (November 2011), pp. 563 - 577.

[3] Carsten Holbraad, "The Role of Middle Powers," *Cooperation and Conflict*, VI (1971), p. 83.

[4] Robert O. Keohane, "Lilliputians' Dilemmas: Small States in International Politics," *International Organization*, XXIII (1969), p. 295.

克（Adam Chapnick）的总结，现有的"中等强国"理论是从三个路径展开的：功能路径（functional）、行为路径（behavioral）、等级路径（hierarchical）。[①]"功能路径"是由"功能主义"[②]生发而来，注重选择优势领域展开外交[③]；"行为路径"是通过典型的中等强国的外交行为构建中等强国的身份[④]；"等级路径"体现为中等强国对大国的顺从[⑤]。

近年来，中国学者对于中等强国理论也进行了梳理和介绍[⑥]，但中国学者对于中等强国理论的研究尚处于起步阶段。本书也试图找出"等级路径""功能路径"和"行为路径"这三种主要的中等强国外交行为理论路径之间的联系和发展变化，以增强对加拿大北极政策发展过程的解释力。

二、中等强国外交

学界对于中等强国的外交行为的研究从不同角度展开。有的

[①] Adam Chapnick, "The Middle Power," *Canadian Foreign Policy*, VII (Winter 1999), pp. 73–82.

[②] Paul Taylor, "Functionalism: The Approach of David Mitrany," *Framework for International Cooperation*, eds. A. J. R. Groom & Paul Taylor (London: Pinter Publishers, 1990).

[③] Lionel Gelber, "Canada's New Stature," *Foreign Affairs*, XXIV (1945–1946), pp. 277–289; Brooke Claxton, "The Place of Canada in Post-War Organization," *Canadian Journal of Economics and Political Science*, X (1944), pp. 409–421.

[④] Andrew F. Cooper et al., *Relocating Middle Powers: Australia and Canada in a Changing World Order* (Vancouver: UBC Press, 1993).

[⑤] John Kirton, *Canadian Foreign Policy in a Changing World* (Toronto: Nelson, 2007), pp. 59–71.

[⑥] 潘迎春：《中等国家理论的缘起》，载《世界经济与政治论坛》2009年第5期，第119—124页；马宁：《中等大国的分化与概念重塑》，载《当代亚太》2013年第2期，第128—156页；崔越：《澳大利亚二战后对外行为逻辑分析——基于中等强国研究的理论视角》，外交学院博士学位论文，2014年6月，第38页；唐纲：《中等强国参与全球治理研究——议程设置的视角》，上海外国语大学博士学位论文，2012年5月，第30—35页。

是以国家为对象展开的[1]，有的从中等强国的外交行为的议程和实现的方式来进行讨论[2]。西方学者也注意到，中等强国的群体是如何随着国际政治环境的变化而变化的：当冷战结束[3]、中国崛起[4]、二十国集团（G20）[5] 等体系因素改变着全球和区域政治环境时，中等强国群体如何随之改变；韩国、印尼、澳大利亚、南非、巴西、土耳其等新兴中等强国如何兴起[6]，加拿大、澳大利亚等老牌中等强国如何应变[7]。

---

[1] John Ravenhill, "Cycles of Middle Power Activism: Constraint and Choices in Australian and Canadian Foreign Policies," *Australian Journal of International Affairs*, LII (1998); Adam Chapnick, "The Canadian Middle Power Myth," *International Journal* (Spring 2000); *Canada's Foreign and Security Policy: Soft and Hard Strategies of a Middle Power*, eds. Nik Hynek & David Bosold (Ontario: Oxford University Press, 2010), p. 26.

[2] Ronald M. Behringer, "Middle Power Leadership on the Human Security Agenda," *Cooperation and Conflict*, XL (2005); Richard A. Higgott & Andrew Fenton Cooper, "Middle Power Leadership and Coalition Building: Australia, the Cairns Group, and the Uruguay Round of Trade Negotiations," *International Organization*, XLIV (September 1990), pp. 589–632.

[3] Robert W. Cox, "Middlepowermanship, Japan, and Future World Order," *International Journal*, XLIV (1989); Andrew F. Cooper, ed., *Niche Diplomacy: Middle Powers after the Cold War* (Basingstoke: Macmillan Press, 1997).

[4] Bruce Gilley & Andrew O'Neil, eds., *Middle Powers and the Rise of China* (Washington: Georgetown University Press, 2014).

[5] Andrew F. Cooper, "Squeezed or revitalized? Middle Powers, the G20 and the Evolution of Global Governance," *Third World Quarterly*, XXXIV (2013), pp. 963–984.

[6] Janis Van Der Westhuizen, "South Africa's Emergence as a Middle Power," *Third World Quarterly*, XIX (1998), pp. 435–455; Jonathan H. Ping, *Middle Power Statecraft: Indonesia and Malaysia* (PHD thesis of University of Adelaide, 2004); Ralf Emmers & Sarah Teo, "Regional Security Strategies of Middle Powers in the Asia-Pacific," XV (2015), pp. 185–216; Lau Blaxekjær, "Korea as Green Middle Power: Green Growth Strategic Action in the Field of Global Environmental Governance," *International Relations of the Asia-Pacific* (November 2015), pp. 1–34.

[7] Jordaan Eduard, "The Concept of a Middle Power in International Relations: Distinguishing between Emerging and Traditional Middle Powers," *Politikon: South African Journal of Political Studies*, XXX (2003), pp. 165–181; Andrew F. Cooper, "Beyond the Middle Power Model: Canada in a Reshaping Global Order," *South African Journal of International Affairs*, XXII (2015), pp. 185–201; Thomas Wilkins, "Australia and Middle Power Approaches to Asia Pacific Regionalism," *Australian Journal of Political Science* (September 2016), pp. 1–16.

中国学者也对典型的中等强国的外交行为做了深入的研究①，探讨中等强国在全球治理和区域治理中的作用②。新兴中等强国成为中国学者对于中等强国研究的一大亮点③。中等强国在当今国际关系中发挥着越来越重要的作用，中国学者亦提出中国政府应该从战略上高度重视对中等强国的研究④。在此基础上，本书拟选择一个持续而完整的外交行为过程（即二战后至今的加拿大北极政策）进行研究，以期更全面呈现中等强国外

---

① 唐小松、宾科：《陆克文中等强国外交评析》，载《现代国际关系》2008 年第 10 期，第 14—19 页；崔越：《澳大利亚二战后对外行为逻辑分析——基于中等强国研究的理论视角》，外交学院博士学位论文，2014 年 6 月；江涛：《基于中等强国视角下的澳大利亚 G20 外交》，载《印度洋经济体研究》2014 年第 5 期，第 46—64 页；戴维来：《中等强国集团化的理论研究：发展趋势与中国应对》，载《太平洋学报》2015 年第 2 期，第 30—41 页。

② 钱皓：《中等强国参与国际事务的路径研究——以加拿大为例》，载《世界经济与政治》2007 年第 6 期；魏光启：《中等国家与全球多边治理》，载《太平洋学报》2010 年第 12 期，第 36—44 页；唐纲：《参与全球治理的中等强国：一项现实议题的研究》，载《太平洋学报》2012 年第 8 期；赵晨：《国内政治文化与全球治理：基于加拿大的考察》，载《世界经济与政治》2012 年第 10 期，第 80—94 页。

③ 宋效峰：《中等强国视角下的韩国东南亚外交》，载《东南亚南亚研究》2013 年第 2 期，第 7—13 页；凌胜利：《韩国的中等强国外交演变：从卢武铉到朴槿惠》，载《当代韩国》2015 年第 1 期，第 42—55 页；刘雨辰：《韩国的中等强国外交：动因、目标与策略》，载《国际论坛》2015 年第 3 期，第 72—78 页；凌胜利：《韩国中等强国外交的效果为何有限?》，载《太平洋学报》2016 年第 2 期，第 38—45 页；丁工：《土耳其中等强国外交的现实性和可能性》，载《阿拉伯世界研究》2012 年第 5 期，第 85—96 页；李峰、郑先武：《区域大国与区域秩序建构——东南亚区域主义进程中的印尼大国角色分析》，载《当代亚太》2015 年第 3 期，第 60—91 页。

④ 金灿荣：《中国外交须给予中等强国恰当定位》，载《国际展望》2010 年第 5 期，第 20—21 页；金灿荣等：《中等强国崛起与中国外交的新着力点》，载《现代国际关系》2014 年第 8 期，第 1—6 页；丁工：《中等强国崛起及其对中国外交布局的影响》，载《现代国际关系》2011 年第 10 期；丁工：《中等强国与中国周边外交》，载《世界经济与政治》2014 年第 7 期。

交行为的规律和特点。

三、加拿大的北极政策

对于加拿大来说，北极地区不仅关乎主权和利益，也是加拿大这个"伟大的北方的国度"的国家的民族主义情感形成和艺术创作的源泉①。然而，加拿大在北极地区的主权的法律依据并不稳固。为了维护在北极地区的主权和安全，加拿大不仅加强了国际法研究，还大力开展北极外交。一方面，相关的国际法问题是加拿大制定北极政策的最重要的因素。多纳特·法兰德（Donat Pharand）是加拿大国际法专家，他认为"扇形原则"（sector principle）对于加拿大水域主权问题上没有说服力、"历史性内水"（historic waters）主张的合法性难以证明、在加拿大水域主权问题上宣布"直线基线"（straight baselines）原则是正当的，为加拿大宣布完全主权提供了最权威的法律论述②。加拿大不列颠哥伦比亚大学教授迈克尔·拜尔斯（Michael Byers）是当今加拿大在北极问题上的国际法权威，其著述系统总结了北极地区在陆地、海域、大陆架、海峡等方面的各种争端以及环境、原住民、安全领域的其他与国际法相关的问题③。另一方面，外交成为加拿大实现其主

---

① Sherrill E. Grace, *Canada and the Idea of North* (Montreal: McGill-Queen's University Press, 2001). Andrew Baldwin, Laura Cameron and Audrey Kobayashi, eds., *Rethinking the Great White North: Race, Nature and the Historical Geographies of Whiteness in Canada* (Vancouver: UBC Press, 2011).

② Donat Pharand, *Canada's Arctic Waters in International Law* (Cambridge: Cambridge University Press, 1988).

③ Michael Byers, *Who Owns the Arctic? Understanding Sovereignty Disputes in the North* (Douglas & McIntyre, 2009); Michael Byers, *International Law and the Arctic* (Cambridge: Cambridge University Press, 2013).

权和安全诉求的途径，加拿大逐步确立对西北航道的主权的过程充分体现了政治因素和法律因素如何交织并共同作用[1]。外交在当今加拿大北极地区的法律争端的解决中也将起到决定性作用[2]。

从加拿大北极政策的历史过程来看，主权问题仍是加拿大学界各派争论的焦点。《威斯特伐利亚条约》关于国家主权至上的观念在各国的学界和政界普遍占据统治地位。在这一时期，加拿大学界对北极政策争论的焦点是：加拿大的北极政策是否危及加拿大在北极地区的主权？换言之，加拿大是否为了某些具体利益（比如冷战期间美国对加拿大军事安全方面的庇护）而忽视甚至牺牲了加拿大的北极主权？围绕着这一辩题，加拿大的学界呈现出三派观点。以希拉·格兰特（Shelagh Grant）为代表的一派对加拿大政府的北极政策持批评态度，认为加拿大政府为了安全牺牲了北极主权。[3] 以惠特尼·莱肯鲍尔（P. Whitney Lackenbauer）为代表的观点对加拿大的北极政策持肯定态度，认为加拿大政府在整个冷战时期的北极政策可谓审时度势、步步为营，既不伤害加拿大国家利益，又逐步实现了加拿大在北极的主权。[4] 以亚当·拉热内斯（Adam Lajeunesse）为代表的是比较平衡的观点，认为加拿大政府的北极政策有时是对

---

[1] Justin DeMowbray Nankivell, *Arctic Legal Tides: The Politics of International Law in the Northwest Passage* (PHD Thesis of the University of British Columbia, July 2010).

[2] Cameron Jelinski, *Diplomacy and the Lomonosov Ridge: Prospects for International Cooperation in the Arctic* (Master Thesis of University of the British Columbia, August 2010).

[3] Shelagh Grant, *Sovereignty or Security?: Government Policy in the Canadian North* (Vancouver: UBC Press, 1994); Ron Purver, "The Arctic in Canadian Security Policy, 1945 to the Present," *Canada's International Security Policy*, eds. David B. Dewitt & David Leyton-Brown (Ontario: Prentice Hall Canada Inc., 1995), pp. 81–110.

[4] P. Whitney Lackenbauer & Peter Kikkert, "Sovereignty and Security: The Department of External Affairs, the United States, and Arctic Sovereignty, 1945–68," *Serving the National Interest: Canada's Department of Foreign Affairs and International Trade*, 1909–2009, eds. Greg Donaghy & Michael Carroll (Calgary: University of Calgary Press, 2011), pp. 101–120.

形势的正确评估，有时则是贻误时机。[1]

冷战结束后，加拿大北极问题著名学者、北极理事会的创始人之一富兰克林·格里菲斯（Franklyn Griffiths）预测，西北航道虽然在国家中心主义的逻辑下是各国争夺的焦点，在冷战结束后则会向着服从于全球治理、服务于当地原住民福祉的定位发展[2]。而以罗布·休伯特（Rob Huebert）为代表的另一类观点认为，在冷战结束的背景下，北极地区传统的军事安全威胁依然存在，与之相关环境安全的重要性大大提升[3]。进入新世纪以来，在西北航道通航的可能性增加的背景下，双方再一次展开论战。休伯特认为，对西北航道潜在的经济利益的争夺会促使各国挑战加拿大对西北航道的主权[4]，而格里菲斯认为加拿大在西北航道的主权的法律基础是比较稳固的，当前形势下加拿大对西北航道的主权的合法性应该在加拿大政府与原住民的伙伴关系以及加拿大政府与北极其他国家政府的伙伴关系中实现[5]。2011年，加拿大国际理事会（Canadian International Council）邀请这两位学者以及另外一位观点相对平衡的学者惠特尼·莱肯鲍尔分别就新形势下的北极问题的解决方案提出了

---

[1] Adam Lajeunesse, *Lock, Stock, and Icebergs: A History of Canada's Arctic Maritime Sovereignty* (Vancouver: UBC Press, 2016).

[2] Franklyn Griffiths, "The Northwest Passage in Transit," *International Journal*, LIV (Spring 1999), pp. 189 – 202.

[3] Rob Huebert, "Canadian Arctic Security Issues: Transformation in the Post-Cold War Era," LIV (Spring 1999), pp. 203 – 229; Andrew Wylie, *Environmental Security and the Canadian Arctic* (Master Thesis of University of Calgary, November 2002).

[4] Rob Huebert, "Climate Change and Canadian Sovereignty in the Northwest Passage," *Isuma*, II (Winter 2001 – 2002); Rob Huebert, "On Thinning Ice," *Northern Perspectives*, XXVII (Spring 2002).

[5] Franklyn Griffiths, "The Shipping News: Canada's Arctic Sovereignty Not on Thinning Ice," *International Journal*, LVIII (Spring 2003), pp. 257 – 282.

自己的观点①。

虽然中国学者对于北极问题的研究始于新世纪,但他们已经从地缘政治和区域治理②、国际法③,以及北极事务的一些具体领域④有了比较深入的研究,其中也包括对加拿大的北极政策的研究⑤。总体来说,中国学界针对加拿大这一北极区域大国的外交行为的研究尚不够系统深入,因而本书试图梳理二战后加拿大北极政策的历史演变过程,从中等强国外交行为理论的视角加以分析,

---

① Bill Graham, "Foreword," *Canada and the Changing Arctic: Sovereignty, Security, and Stewardship*, eds. Franklyn Griffiths et al. (Ontario: Wilfrid Laurier University Press, 2011).

② 郭培清:《北极争夺战》,载《海洋世界》2009年9月版,第12—29页;李振福:《地缘政治理论演变与北极航线地缘政治理论假设》,载《世界地理研究》2010年第1期,第6—13页;陆俊元:《北极地缘政治竞争的新特点》,载《现代国际关系》2010年第2期,第25—29页;叶江:《试论北极事务中地缘政治理论与治理理论的双重影响》,载《国际观察》,2013年第2期,第32—38页;秦倩、陈玉刚:《后冷战时期北极国际合作》,载《国际问题研究》,2011年第4期,第63—69页;严双伍、李默:《北极争端的症结及其解决路径——公共物品的视角》,载《武汉大学学报(哲学社会科学版)》,2009年第6期,第830—836页;孙豫宁:《北极治理模式研究》,外交学院博士学位论文,2012年4月;赵隆:《论北极治理范式及其"阶段性递进"机理》,华东师范大学博士学位论文,2014年5月。

③ 黄德明、章成:《北极海域200海里外大陆架划界与北极区域法律制度的构建》,载《法学家》,2013年第6期,第161—173页;黄志雄:《北极问题的国际法分析和思考》,载《国际论坛》,2009年第6期,第8—13页。

④ 郭培清:《北极航道的国际问题研究》,海洋出版社,2009年版;潘敏、夏文佳:《近年来加拿大的北极政策:兼论中国在努纳武特地区合作的可能性》,载《国际观察》2011年第4期,第29页;杨振姣等:《北极生态安全对中国国家安全的影响及应对策略》,载《海洋环境科学》2013年第4期,第629—635页;邹磊磊:《南北极渔业管理机制的对比研究及中国的极地渔业政策》,上海海洋大学博士学位论文,2014年4月;孟德宾:《北极航道对全球贸易格局的影响研究》,上海社会科学院博士学位论文,2015年3月;李振福、丁超君:《中国与北极航线沿岸区域经济合作潜力研究》,载《国际商务——对外经济贸易大学学报》,2015年第6期,第125—135页。

⑤ 朱宝林:《解读加拿大的北极战略——基于中等国家视角》,载《世界经济与政治论坛》2016年第4期,第153页。

并对加拿大北极政策的发展特点进行总结。本书梳理加拿大北极政策所用到的历史的材料主要有以下几类：一手资料既包括加拿大议会辩论①，也包括按主题整理过的一手资料②；历史类著作既包括加拿大北极政策的大致历史③，也包括从某个角度的加拿大北极政策的历史④，还包括某个时间段加拿大北极政策的历史⑤，以及围绕某个具体主题的历史⑥，另外还有关于相关历史的报告⑦，以及史论结合的著述⑧。

---

① http://parl.canadiana.ca/.

② Ryan Dean et al., "Canadian Arctic Defense Policy: A Synthesis of Key Documents, 1970 – 2013," *Documents on Canadian Arctic Sovereignty and Security* (2014), retrieved on April 4, 2016, from https://www.sju.ca/CFPF/Publications; P. Whitney Lackenbauer & Daniel Heidt, "The Advisory Committee on Northern Development: Context and Meeting Minutes 1948 – 66," *Documents on Canadian Arctic Sovereignty and Security* (November 2015), retrieved on April 4, 2016, from https://www.sju.ca/CFPF/Publications; Peter Kikkert & P. Whitney Lackenbauer, "Legal Appraisals of Canada's Arctic Sovereignty: Key Documents 1905 – 56," *Documents on Canadian Arctic Sovereignty and Security* (November 2014), retrieved on April 4, 2016, from https://www.sju.ca/CFPF/Publications; Adam Lajeunesse, "Ice Islands in Canadian Policy: 1954 – 71," *Documents on Canadian Arctic Sovereignty and Security* (November 2015), retrieved on April 4, 2016, from https://www.sju.ca/CFPF/Publications.

③ Ken S. Coates et al., *Arctic Front: Defending Canada in the Far North* (Toronto: Thomas Allen Publishers, 2010).

④ Adam Lajeunesse, *Lock, Stock, and Icebergs: A History of Canada's Arctic Maritime Sovereignty* (Vancouver: UBC Press, 2016).

⑤ John English, *Ice and Water: Politics, Peoples, and the Arctic Council* (Toronto: Allen Lane, 2013); Janice Cavell & Jeff Noakes, *Acts of Occupation: Canada and Arctic Sovereignty, 1918 – 25* (Vancouver: UBC Press, 2010).

⑥ Elizabeth B. Elliot-Meisel, *Arctic Diplomacy: Canada and the United States in the Northwest Passage* (New York: Peter Lang, 1998); P. Whitney Lackenbauer & Peter Kikkert, ed., *The Canadian Forces and Arctic Sovereignty* (Ontario: LCMSDS Press of Wilfred Laurier University, 2010).

⑦ Canadian Arctic Resources Committee, "The Arctic Environment and Canada's International Relations," The Report of a Working Group of the National Capital Branch of the Canadian Institute of International Affairs, March 1991; *Canadian-US Relations in the Arctic Borderlands*, Background Paper Prepared from a Canadian Perspective for the Pearson-Dickey Conference, Whitehorse, May 1990.

⑧ E. J. Dosman, ed., *The Arctic in Question* (Toronto: Oxford University Press, 1976); Edgar J. Dosman, ed., *Sovereignty and Security in the Arctic* (New York: Routledge, 1989).

四、中国与加拿大在北极的合作

国外学者对中国参与北极事务的研究注意到中国政府对北极事务日益重视、对参与北极活动的投入日益加大且中国具有参与北极事务的巨大动力和潜力。对此有些学者表示警惕,担心中国怀有颠覆现存的北极秩序的野心[1];有的研究则比较客观,指出维护和发展现存秩序与中国自身的利益一致,且中国的参与为北极开发和北极国家的发展提供了机遇[2]。中国学者也非常关注中国参与北极事务,有的研究侧重中国参与北极事务的整体战略[3],有的研究从北极治理的角度提出中国的战略与策略[4],有些研究侧重北

---

[1] Isabella Mroczkowski, "China's Arctic Powerplay," *The Diplomat* (February 2012), retrieved on June 2, 2016, from http://thediplomat.com/2012/02/chinas-arctic-powerplay/; David Curtis Wright, "The Panda Bear Readies to Meet the Polar Bear: China Debates and Formulates Foreign Policy towards Arctic Affairs and Canada's Arctic Sovereignty," Canadian Defence & Foreign Affairs Institute, March 2011; Anne-Marie Brady, "Polar Stakes: China's Polar Activities as a Benchmark for Intentions," *China Brief*, VII (July 2012), pp. 11–15.

[2] Linda Jacobson & Jingchao Peng, "China's Arctic Aspirations," *SIPRI* (Stockholm International Peace Research Institute) Policy Paper 34 (November 2012), pp. 10–18.

[3] 陆俊元:《北极地缘政治与中国应对》,时事出版社,2010年版;李志军等:《北极气候变化对加拿大和中国社会与经济的影响》,载《内蒙古大学学报(哲学社会科学版)》2010年第1期,第128—131页;夏立平:《北极环境变化对全球安全和中国国家安全的影响》,载《世界经济与政治》2011年第1期,第122—133页;陆俊元:《中国在北极地区的战略利益分析——非传统安全视角》,载《江南社会学院学报》2011年第4期;唐国强:《北极问题与中国的政策》,载《国际问题研究》2013年第1期,第15—25页;潘敏:《机遇与风险:北极环境变化对中国能源安全的影响及对策分析》,载《中国软科学》2014年第9期,第19页;李振福:《大北极国家网络及中国的大北极战略研究》,载《东北亚论坛》2015年第2期,第31—44页。

[4] 程保志:《北极治理机制的构建与完善:法律与政策层面的思考》,载《国际观察》2011年第4期,第1—8页;孙凯、郭培清:《北极治理机制变迁及中国的参与战略研究》,载《世界经济与政治论坛》2012年第2期,第122—123页;康文中:《大国博弈下的北极治理与中国权益》,中共中央党校博士学位论文,2012年6月;程保志:《北极治理论纲:中国学者的视角》,载《太平洋学报》2012年第10期,第70页;郭培清、卢瑶:《北极治理模式的国际探讨即北极治理实践的新发展》,载《国际观察》2015年第5期,第67—69页;王晨光:《北极治理法制化与中国的身份定位》,载《领导科学论坛》2016年1月,第77—79页;王大鹏:《北极问题的软法规制研究》,大连海事大学博士学位论文,2012年11月。

极理事会与中国参与北极治理[①]，有些特别关注中国在北极事务中的身份定位[②]，或者与别国合作参与北极事务[③]，有的就具体领域尤其是航运领域就中国的参与提出建议[④]，也有些研究专门就中国与加拿大如何在北极问题上展开合作提出具体的建议[⑤]。本书拟通过系统回顾和分析加拿大北极政策的发展历史，发现对中国与加拿大开展北极合作的启示。

[①] 陈玉刚、陶平国、秦倩：《北极理事会与北极国际合作研究》，载《国际观察》2011年第4期，第17—23页；孙凯、郭培清：《北极理事会的改革与变迁研究》，载《中国海洋大学学报（社会科学版）》2012年第2期，第5—8页；郭培清：《北极理事会永久观察员"门槛"逻辑混乱》，载《瞭望》2012年第50期；程保志：《试析北极理事会的功能转型与中国的应对策略》，载《国际论坛》2013年第3期，第44—46页；郭培清、孙凯：《北极理事会的"努克标准"和中国的北极参与之路》，载《世界经济与政治》2013年第12期；肖洋：《北极理事会"域内自理化"与中国参与北极事务路径探析》，载《现代国际关系》2014年第1期，第51—55页。

[②] 柳思思：《"近北极机制"的提出与中国参与北极》，载《社会科学》2012年第10期，第32页；王新和：《国家利益视角下的中国北极身份》，载《太平洋学报》2013年第5期，第81—89页；孙凯：《参与实践、话语互动与身份承认——理解中国参与北极事务的过程》，载《世界经济与政治》2014年第7期，第42—62页；阮建平：《"近北极国家"还是"北极利益攸关者"：中国参与北极的身份思考》，载《国际论坛》2016年第1期，第47—52页。

[③] 孙凯、张亮：《北极变迁视角下中国北极利益共同体的构建》，载《国际关系研究》2013年第1期，第121—128页；李晗斌：《东北亚国家北极事务合作研究》，载《东北亚论坛》2016年第5期，第118—126页；孙凯、王晨光：《国家利益视角下的中俄北极合作》，载《东北亚论坛》2014年第6期，第26—34页；肖洋：《中俄共建"北极能源走廊"：战略支点与推进理路》，载《东北亚论坛》2016年第5期，第109—117页；杨剑：《北极航道：欧盟的政策目标和外交实践》，载《太平洋学报》2013年第3期，第41—50页；郭培清、董利民：《印度的北极政策及中印北极关系》，载《国际论坛》2014年第5期，第15—20页。

[④] 李振福：《北极航线的中国战略分析》，载《中国软科学》2009年第1期，第1—7页；贺书锋、平瑛、张伟华：《北极航道对中国贸易潜力的影响——基于随机前沿引力模型的实证研究》，载《国际贸易问题》2013年8月，第3—12页；杨剑：《北极航运与中国北极政策定位》，载《国际观察》2014年第1期，第123—137页；王丹、张浩：《北极通航对中国北方港口的影响及其应对策略研究》，载《中国软科学》2014年第3期，第16—31页。

[⑤] 李志军等：《北极气候变化对加拿大和中国社会与经济的影响》，载《内蒙古大学学报（哲学社会科学版）》2010年第1期，第128—131页；潘敏、夏艾佳：《近年来加拿大的北极政策：兼论中国在努纳武特地区合作的可能性》，载《国际观察》2011年第4期，第29页；肖洋：《北极理事会视域下的中加北极合作》，载《和平与发展》2015年第2期，第96页。

第三节 研究方法、难点与创新之处

本书力图对二战后加拿大的北极政策的发展过程进行梳理，并运用中等强国外交行为理论进行史论结合的分析，同时在此历史过程中选取两个典型案例、运用相关的中等强国理论进行深入分析，以期找到加拿大北极政策的演进特点。所以本书所运用的主要研究方法是历史分析法和案例研究法。如果说二战后加拿大的北极政策是本书的分析对象、中等强国外交行为理论是分析手段，那么历史分析法被同时运用到了本书的研究对象和研究手段的梳理当中。一方面，本书力图完整地回顾二战后加拿大北极政策的演变过程，并从不同阶段选取案例进行更加细致的历史叙述，试图再现加拿大这一中等强国的外交行为的发展过程，并结合不同时期的历史背景来解释加拿大北极政策在不同时期的特点及其形成和变化的原因。另一方面，正如中等强国的外交行为有其产生的历史环境，中等强国外交行为理论的产生也与国际政治发展的历史过程密切相关，尤其是与类似二战结束、冷战结束这样的国际格局的重大结构性变化相关。因此，本书在梳理不同的中等强国的外交行为理论时试图将这些理论与其所产生的历史背景结合起来，既然是解释不同历史时期外交行为的特点，那就需要将理论与不同阶段对应起来。案例研究法是本书研究中等强国外交行为的另一个主要方法。本书在对二战后加拿大的北极政策进行分阶段的梳理后，从两个不同的阶段中分别选取了案例并结合理论进行深入分析，以揭示这两个阶段加拿大的北极政策的特点。

本书的研究面临两大难点：一是史料的搜集，二是理论的梳理。对加拿大北极政策的历史过程的整理是本书分析立论的基础，然而关于加拿大北极政策的文献尚不够丰富。北极问题对于加拿大的重要意义和政治敏感性不言而喻，所以加拿大政府对于相关材料保密的居多，基于已经解密的文献的历史研究也散落在不同的国际政治、国际关系的研究中，这不仅给笔者的材料搜集和整理增加了难度，而且所整理的材料也难免出现疏漏。在理论梳理方面，目前的三种主要的中等强国外交行为理论仍然时常受到质疑，并且没有形成一个有机的整体。本书试图运用建构主义理论来说明中等强国外交行为对于构建中等强国身份的意义，并以此突出中等强国外交行为理论的重要性，解释"行为路径"的中等强国外交行为理论的合理性。同时，本书尝试着采用历史的视角找出这几种理论之间的关系以及不同的理论对不同历史时期的中等强国外交行为的解释力。这些尝试对于理论功底和思辨能力无疑都是巨大的挑战。

本书的创新之处和贡献体现在对史料和理论两大方面。在史料方面，本书对二战后至今加拿大的北极外交行为的过程进行梳理，并对其中两个重要案例进行深入挖掘，这对于北极外交和中等强国的外交行为的史料都是有益的增补。在此基础上，本书运用理论对不同历史阶段的加拿大北极外交行为进行分析，以揭示加拿大外交行为的阶段性特点和整体发展趋势，这对于加拿大外交、中加关系尤其是中加北极关系的研究都是有益的参考。同时，由于本书将加拿大对美依赖性问题作为一个主要的分析视角，本书也可作为美加关系研究的参考材料。

在理论方面，本书试图对分散的中等强国外交行为理论进行梳理并找出其内在联系。第一，本书将分散的中等强国外交行为理论归纳为三种路径：服从于大国意志的"等级路径"、选择优势领域有所作为的"功能路径"和践行典型的中等强国外交行为的"行为路径"。第二，本书运用建构主义理论解释了"行为路径"

的合理性：由于践行典型的中等强国外交行为与中等强国身份的形成是同一过程，所以"行为路径"理论并没有犯"同义反复"的逻辑错误。第三，本书解释了"行为路径"与"功能路径"之间的联系："行为路径"的典型中等强国外交行为也是调动其"知识性的"和"开拓性的"能够"实现某些功能的资源"[1]，"将资源集中在具体的、最能够获得收益的具体领域，而非全面铺开"[2]。所以"行为路径"本质上仍然是一种"功能路径"，其不过是"功能路径"在冷战结束后的新发展。第四，本书对这三种外交行为理论之间的联系总结如下：在冷战期间中等强国的外交行为可以用体现对大国依赖性的"等级路径"和体现自身能动性的"功能路径"来解释；冷战后中等强国对大国的依赖性减弱、独立性增强，"功能路径"在变化了的国际关系结构中成为"行为路径"。

本书的正文分为三个部分：中等强国理论、加拿大北极政策的历史及案例分析、对中国的政策建议。具体章节安排如下：导论部分分为三节，分别是问题的提出与研究的意义、研究现状与文献综述、研究方法及难点和创新之处。第一章"中等强国理论框架"包括"中等强国"概念的诞生与加拿大对"中等强国"的身份认同以及三种中等强国外交行为理论："等级路径""功能路径""行为路径"。第二章和第三章是对二战后加拿大北极政策的整体回顾，这两章以冷战结束为大致的分界点。第二章是加拿大1945年到1993年的北极政策，第三章是加拿大1993年到2015年的北极政策。第四章和第五章是案例分析，第四章用"功能路径"理论来对《北极水域污染防治法》进行案例分析，第五章用"行为路径"对北极理事会的成立进行案例分析。以上对于加拿大北

---

[1] Andrew F. Cooper et al., *Relocating Middle Powers: Australia and Canada in a Changing World Order* (Vancouver: UBC Press, 1993), p. 19.

[2] Ibid., pp. 25—26.

极政策的系统回顾和案例分析都证明了加拿大的北极政策从整体上看独立性逐渐增强、对美依赖性逐渐减弱的特点。第六章在前文对加拿大北极政策的历史回顾与分析总结的基础上，探索中国与加拿大在北极问题上开展合作的潜力。最后是本书的结论。

第一章
中等强国理论框架

第一节 概念界定

加拿大是以英国自治领的身份参加二战的。二战期间，加拿大在财力、人力等方面都做出了重要贡献。二战结束前夕，加拿大开始在国际体系里谋求更加独立、更加重要的地位。当时加拿大的外交活动被牢牢控制在总理麦肯齐·金（Mackenzie King）手中。金在1943年7月的一次议会辩论中提出了自己对于二战后国际秩序建设以及加拿大角色定位的看法："联合国的概念需要以国际组织的形式实现。……（关于代表权问题），尤其在经济事务上，可以采用功能性原则（functional principle）。"[1] 换句话说，加

---

[1] *House of Commons Debates*, 4th Session, 19th Parliament, 2 July 1943 – 26 January 1944. Vol. CCXXXVIII, p.4558. 转引自 Adam Harris Chapnick, *Redefining Canadian: A History of Canada and the Origins of the United Nations Organization*, 1941 – 1945 (PHD Thesis of University of Toronto, 2004), p. 91.

拿大从一开始设计和考量自己在二战后的作用时，就把非军事安全领域、全球治理作为自己可以发挥优势的功能性领域。金的思想逐步发展，基于此，时任加拿大外交部长迈克尔·皮尔逊（Michael Pearson）在1944年2月首次用到了"中等强国"（Middle Power）的提法："那些大国（指战后四强国即'Big Four'：英、法、美、苏）有权力有责任，但是他们也有控制力，小国没有权力、没有责任，所以对控制力也不感兴趣。我们是居于两个群体之间的国家……我认为加拿大有一种机会，就是成为中间这个群体，……也就是中等强国的领导者。"①

1945年4月，加拿大代表把金的计划带到了当时在旧金山召开的联合国筹备会议上。联合国是大国政治的产物，加拿大等非大国实际上被排挤到边缘位置。而金总理因为选举在即，对于本次会议并不十分投入，而澳大利亚外交部长伊瓦特（H. V. Evatt）成为了与会的中小国家的代言人。这次会议持续了九周，金在大选中取得胜利后被邀请参加会议的闭幕式并发表讲话。此次会议后，伊瓦特的表现在其国内并没有引起多少关注，反而是加拿大总理金和外交部长皮尔逊受到加拿大国内媒体的热烈赞扬，加拿大被塑造成中等国家的领导者和代言人。在战后民族主义情绪的激励下，加拿大国民对此深信不疑。从此开始，加拿大作为"中等强国"的身份被政界、学界、舆论界一次次地强化。此后的加拿大外交成为一个努力追逐"中等强国"身份的过程。②

---

① NAC, DEA Papers, RG 25. Series A-3-b. Vol. 5707, File 7-V (s). Pt. 1. February 1944. 转引自Adam Harris Chapnick, *Redefining Canadian: A History of Canada and the Origins of the United Nations Organization*, 1941-1945 (PHD Thesis of University of Toronto, 2004), p. 157.

② 加拿大的"中等强国"身份产生的详细历史参见：Adam Harris Chapnick, *Redefining Canadian: A History of Canada and the Origins of the United Nations Organization*, 1941-1945 (PHD Thesis of University of Toronto, 2004).

"中等强国"的概念是二战结束后加拿大为了追求外交独立性并且彰显自己在新的国际关系体系下高于小国的地位而发明的。虽然加拿大对于"中等强国"有着深深的认同,"中等强国"却一直是个非常不确定的概念。外交官出身的学者、"中等强国"的概念的探索者约翰·霍尔姆斯(John Holmes)在1966年对"中等强国的状态"(middlepowermanship)撰文指出,"中等强国"这一概念的"延展性"(malleability)使得加拿大可以借这一概念做任何事情来达到自身的外交目的。[1] 更激烈的评价认为,"中等强国这一类别是一种空泛的形式(empty form),需要被填充,事实上也一直在被一次次地填充。"[2]

填充"中等强国"这个空洞的定义的正是中等强国的外交行为。近年来,很多试图界定"中等强国"的理论从中等强国的中等实力出发讨论其可以践行的"中等强国外交行为"及其影响力。比如,丁工在其博士论文中从"中间"(middle)和"权力"(power)两个角度来解释何谓"中等强国":"首先,中等强国必须位于国际层级体系的中段结构,具备较强的实力基础,对资源又有一定的控制能力,可以凭借自身的力量达到对外政策的某些目标;其次,能够在有限的国际秩序框架内采取相对独立自主的政策,对地区和国际事件的发展进程和最终结果施加相应的影响,合理控制和有效干预互动行为者的预期目标

---

[1] John Holmes, "Is there a future for middlepowermanship?" in Gordon, ed, *Canada's Role as a Middle Power*, p14. 转引自 Adam Chapnick, "The Canadian Middle Power Myth," *International Journal* (Spring 2000), p. 195。

[2] Nikola Hynek, "Humanitarian Arms Control, Symbiotic Functionalism, and the Concept of Middlepowerhood", *Central European Journal of International and Security Studies* (November 2007), p. 140. 转引自 Kim Richard Nossal, "'Middlepowerhood' and 'Middlepowermanship' in Canadian Foreign Policy," in *Canada's Foreign and Security Policy: Soft and Hard Strategies of a Middle Power*, eds. Nik Hynek & David Bosold (Ontario: Oxford University Press, 2010)。

和实现途径。"①

片面强调中等强国的客观实力或者片面强调中等强国的主观意愿都各有缺陷，而中等强国的外交行为当中既包含了中等强国的客观实力，又包含了其本身对自己的角色的考量，行为成为跨越客观和主观之间的鸿沟的桥梁。相对于"什么是中等强国"这个空洞的研究对象，中等强国的外交行为是更加可以捉摸的。所以，本书拟将中等强国理论的重心放在"中等强国行为"。将研究对象确定为加拿大的一个具体的外交行为过程，即二战后加拿大在北极地区的外交行为。

第二节 中等强国外交行为理论

正如"中等强国"这一概念是在加拿大诞生的，本书所总结的中等强国理论，包括中等强国外交行为理论都是主要由加拿大的学者创立或参与创立的。根据亚当·查普尼克（Adam Chapnick）的总结，现有的中等强国理论是从三个路径展开的："等级路径"（hierarchical）、"功能路径"（functional）、"行为路径"（behavioral）。② 这三种理论路径也是对中等强国外交行为的描述。如前文所述，"中等强国"是二战后加拿大为了追求独立的外交地位同时拔高自身在国际体系中的地位而发明的概念。正如"中等强国"这一概念的产生有其特定的历史背景，中等强国外交行为理论的发展也与国际政治格局的发展变化密切相关。二战结束后

---

① 丁工:《中等强国的崛起与中国外交布局的调整》，中共中央党校博士学位论文，2012年5月，第23页。
② Adam Chapnick, "The Middle Power," *Canadian Foreign Policy*, VII (Winter 1999), pp. 73-82.

不久冷战开始，冷战期间加拿大外交的重中之重就是作为资本主义阵营的一员对抗苏联，因而这一时期加拿大外交的基本路径是服从资本主义阵营内的等级，也就是服从美国领导的"等级路径"。然而加拿大外交并不甘心只是服从，为了追求中等强国地位，加拿大选取自己有优势的领域——往往是非军事安全领域，通过实现某些功能来彰显自己的影响力，所以"功能路径"是与"等级路径"并存的，加拿大在不得不对美国服从的情况下寻求有限领域的独立自主性的外交路径。冷战结束后，国际政治不再受限于两个阵营对垒的封闭式格局，而形成了"一超多强"的相对开放、动态的格局，获得了霸主地位的美国也在除了军事安全以外的议程领域放松了控制。所以，对于像加拿大这样的中等强国，在冷战期间的主要作用是服从美国对抗苏联，而在冷战结束后就可以在不挑战美国地位的非传统安全领域按照自己的议程大踏步地践行典型的中等强国外交行为，从而建构起中等强国的身份。冷战结束后，虽然对于超级大国美国的妥协仍然存在，但是"等级路径"已经不是中等强国的主要外交路径，其在冷战期间追求的"功能路径"在冷战后则更具影响力，升级为通过典型的中等强国的外交行为建构中等强国身份的"行为路径"。本节拟对三种中等强国外交行为理论的基本涵义进行总结，对"行为路径"所受到的质疑进行回应，并在此基础上描述三种中等强国的外交行为路径之间的关系。这些对中等强国外交行为理论的梳理将在后文被用来分析加拿大在北极的外交行为。

一、等级路径

由于与大国的实力悬殊，等级路径成为中等强国一种基本的外交行为模式。如前所述，由于"中等强国"的外交身份是加拿大在二战结束后为了实现自身的外交独立性、为了提高自身在国际体系中的地位而"发明"的,所以不难理解的是,加拿大的学者在讨论中等强国的外交行为时,对以服从和依赖大国为主要特点的"等级路径"的讨论似乎被淡化了。而事实上,基于实力原因而促使中等强国采取的这种对待大国的服从、依赖、柔性的外交路径自二战结束后至今就一直就是像加拿大这样的中等力量国家的一种基本的外交行为路径。

约翰·柯顿对学界关于加美关系中"边缘依赖"(peripheral dependence)外交的内涵进行了归纳[①],其内容就体现了基于与大国的实力悬殊而采取的"等级路径":(1)与大国的互动是对外关系的核心。(2)与大国关系的行为模式是拥护、默许、支持。对强国的领导持默许态度,很容易接受他们的议程、选择和行为。接受霸权是基于意识到会以得到利益为回报,包括经济回报和"搭便车"的安全保护。(3)是大国主导的现存国际秩序的维护者。现实主义国际关系理论的基本观点可以解释中等强国外交行为中的"等级路径"。权力是现实主义和新现实主义的核心概念,"就其基本含义而言,权力是一个行为体根据其意愿来影响另一个行为体去做或不去做某事的能力"[②]。古典现实主义的几个核心假设能够很好地解释"等级路径":"(1)国际体系以国家为基础,国家是国际体系中的主要行为体;(2)国际政治的本质是冲突,即无政府状态下国家争夺权力的斗争,在无政府状态下,民族国家不可避免地要依靠实力来确保生存;(3)各国拥有合法主权,但因实力的大小而又有强国和弱国之分;(4)国家是统一的行为

[①] John Kirton, *Canadian Foreign Policy in a Changing World* (Toronto: Nelson, 2007), pp. 59–71.

[②] 詹姆斯·多尔蒂、小罗伯特·普法尔茨格拉夫著,阎学通、陈寒溪等译:《争论中的国际关系理论》,世界知识出版社,2003年版,第77页。

体，对外政策独立于国内政治；（5）国家是根据国家利益进行决策的理性行为体；（6）权力是解释和预测国家行为的最重要概念。"① 这些观点就可以解释，中等强国为什么以其与大国的关系为对外关系的核心，为什么在与大国的关系中处于服从位置。中等强国虽然与强国实力悬殊，但它也是独立国家，也需要在国际社会的权力斗争中"自救"。实力较强的大国往往在国际关系体系中拥有较大的权力，所以对于中等强国来说，若要实现自身利益最大化，追随强国是理性的选择。古典现实主义理论家还指出了地缘的重要性②，除了国家间实力的悬殊以外，是否与强国相邻也是影响中等强国外交行为的重要因素。

在中等强国与大国的依赖关系中，并非只有大国是受益者。中等强国接受大国的领导是有经济利益或者安全利益方面的回报的。这说明中等强国与大国之间的关系是相互依赖的，大国需要中等强国对其领导地位的拥护，而中等强国需要大国给他利益和庇护。"从权力的角度看，相互依存意味着一国以某种方式影响他国的能力。如果依存是相互的，中断彼此之间业已存在的关系将会对双方都带来损害。"③ 同时，现实主义对于"战略"的概念对中等强国处理与大国的依赖关系是有启发的。"战略的实质就是为最大程度地确保成功而组织自己的实力。这就是处于动态中的权力。……在多大程度上把实力转化为对他人行为的影响，以实现自己的目标。"④ 所以，中等强国虽然需要接受大国的领导，但是可以规划自己在某种服从关系中如何实现自己阶段性的目标。不仅大国对中等强国有影响力，中等强国对大国也有影响力。不

---

① 詹姆斯·多尔蒂、小罗伯特·普法尔茨格拉夫著，阎学通、陈寒溪等译：《争论中的国际关系理论》，世界知识出版社，2003年版，第68—69页。
② 同上书，第77页。
③ 同上书，第79页。
④ 同上书，第80页。

第一章 中等强国理论框架

仅大国有自己的议程，中等强国也可以有自己的议程。虽然大国议程是关于国际秩序的，而中等强国的议程往往是关于自身利益或者区域问题的。中等强国因为服从大国的领导而成为国际秩序现状的拥护者而非变革力量，同时大国为了中等强国支持其国际秩序方面的主张而应允其局部利益。透过现实主义视角，中等强国与大国在国际权力斗争中通过这种方式达到双方权力关系的平衡。

奥兰·杨（Oran Young）的国际领导力的理论[1]将国际政治中推动国际制度建立的领导力分为三种：结构性领导力（structural leadership）、知识性领导力（intellectual leadership）和开拓性领导力（entrepreneurial leadership）。其中，结构性领导力是基于一个国家的物质实力的领导力。然而并不是说在物质实力强弱有别的双方当中，只有实力较强的一方能够发挥领导力，实力较弱的一方也能够对较强的一方发挥自身领导力。[2] 从协议的达成中获益更多的一方来说，给支持协议达成的另一方的奖励是其在谈判中的优势。而对于从协议的达成中获益较少的一方来说，如果不达成协议对其损失也较少，这一方就可以用推迟达成协议作为自己谈判中的优势。所以谈判双方以不同的方式发挥着领导力。在中等强国与霸权国家的关系中，它显然处于弱势一方。一方面，霸权国家由于实力的优势，因而向中等强国提出的要求不可小视，而且这些要求往往伴随着某些利益方面的承诺；另一方面，如果协议没有达成会使霸权国家蒙受更大损失，推迟协议的达成就成为中等强国手中的一个筹码，中等强国可以以此在谈判中争取自己最看重的利益，以自己对强国的服从相交换。

---

[1] Oran R. Young, "Political Leadership and Regime Formation: On the Development of Institutions in International Society," *International Organization*, XLV (Summer 1991).

[2] Ibid., pp. 288–289.

二、功能路径

中等强国外交行为中的"功能路径"需要从"功能主义"说起。[①] 1933年，英国学者大卫·米特兰尼（David Mitrany）在研究国际政府的潜力时提出，当把所有的国家分为大国和小国的时候，小国中的一部分国家国力增强并致力于确保国际治理，因此他提出通过"有政治权威的功能性结构"将小国的不同能力加以区分，由此生发出"功能主义"的概念。[②] 米特兰尼的功能主义也被称作"自由功能主义"，带有非常明显的理想主义色彩。其颇具影响力的著作《一种有效的和平制度》设想了一种在联合国制度下对国际间各个领域的治理加以分工，进而超越了国家界限、由专业队伍在各个专门领域进行治理的状态。在功能主义的影响下，加拿大外交官休姆·朗（Hume Wrong）提出了加拿大在参与二战结束后国际秩序重建过程中所应该遵循的"功能原则"[③]：与国家利益的相关性、对所讨论的具体情势的直接贡献、本国参与的能力。换句话说，朗认为加拿大在参与国际事务时，应该从国家利益出发，选择能够发挥作用并且承担责任的领域。根据与自身的相关性和能力优势进行选择，并有重点地在所选择的领域实现某种功能以达到目的——这成为中等强国外交行为的"功能路径"的核心。

[①] 对"功能路径"发展历程的梳理参考了 Adam Chapnick, "The Canadian Middle Power Myth," *International Journal* (Spring 2000), pp. 188–206。

[②] David Mitrany, *The Progress of International Government* (London: George Allen & Unwin, 1933).

[③] J. L Granatstein, *The Ottawa Men: The Civil Service Mandarins*, 1935–1957 (Toronto: University of Toronto Press, 1999). 转引自 Adam Chapnick, "The Canadian Middle Power Myth," *International Journal* (Spring 2000), pp. 188–206。

加拿大发挥其"功能路径"外交的领域往往是在非军事安全领域,即在大国重视程度不高的卫生、粮食、劳动条件,以及妇女拐卖、毒品犯罪等领域,加拿大可以在解决这些问题的过程中扮演"功能性强国"的角色。[①] 加拿大所说的"功能原则""……是宣称加拿大全力参与国际组织,进而参与战争结束后国际事务管理的愿望。……宣称在专项能力和利益允许的情况下,担当管理者和领导者角色。不追求在各个领域的全球领导力,而是根据在有限的领域运用特别的资源扮演一种超越普通的角色,发挥有选择的领导力。"[②] 中等强国外交的杰出践行者、澳大利亚外交部长埃文斯(Gareth Evans)基于澳大利亚的功能主义外交实践提出了"优势外交"(niche diplomacy)的概念,即"将资源集中在具体的、最能够获得收益的具体领域,而非全面铺开"[③]。

亚当·查普尼克(Adam Chapnick)指出了"功能"(function)与"地位"(status)之间的不同,前者随着形势变化而变化,后者不受形势变化的影响,相对稳定。他指出,"功能路径"这种挑选优势领域以图有所作为的路径是小国也可以选择的,因而并不是能够将中等强国与小国区分开来的标准;而且所谓的功能领域会随着国际形势的变化而不断变化,因而通过实现某项功能而获得的地位也是不稳定的。所以通过实现某些功能只能获得暂时的"功能强国"(functional power)的地位,而不能获得不受限于外界形势变化的稳定的中等强国地位。[④] "功能路径"是中等

[①] Brooke Claxton, "The Place of Canada in Post-War Organization," *Canadian Journal of Economics and Political Science*, X (1944), pp. 409–421.

[②] John Kirton, *Canadian Foreign Policy in a Changing World* (Toronto: Nelson, 2007), p. 40.

[③] Gareth Evans & Bruce Grant, *Australia's Foreign Relations in the World of the 1990s* (Melbourne: Melbourne University Press, 1991), p. 323.

[④] Adam Chapnick, "The Canadian Middle Power Myth," *International Journal* (Spring 2000), p. 190.

强国和小国共同的外交路径,不同的是发挥的具体功能的大小。在冷战时期,由于中等强国所发挥其功能的非军事安全领域的重要性不高,中等强国的"功能路径"所带来的功能强国地位的确是不稳定的,中等强国的功能外交体现了努力追求在国际体系中保持地位的稳定。

在功能路径中,中等强国发挥的是奥兰·杨关于国际领导力的理论[1]中的另外两种领导力:"知识性领导力",即一个国家基于其在某一领域的知识而提供的国际制度建设的思路和专业支持;"开拓性领导力",即充当中间人、斡旋调停、建立联盟等。中等强国由于实力所限而不可能对大国实施"结构性领导力",鉴于其在国际关系体系中的弱势地位,中等强国通过发挥"知识性领导力"和"开拓性领导力"来在自己所选择的功能性领域有所成就。

"知识性领导力"提供的是思想的力量,以"可持续发展"和"环境安全"为例,"知识性领导力"为特定领域的"结构性领导力"和"开拓性领导力"的谈判活动提供系统的知识支撑。[2] 中等强国"功能路径"的外交行为正是基于这两种领导力,在特定的领域运用自身的专业知识和开拓性外交活动,实现超出自身实力范围的目标。"开拓性领导力"实际是一种谈判的能力,其作用体现在以下四种角色:(1)议题设定者:确定议题如何在国际层面被呈现出来供各方考虑的形式;(2)传播者:使大家关注到所讨论的问题的重要性;(3)发明者:设计创新的政策来克服谈判中的阻碍;(4)中介者:促成交易为重要的议程获取支持。[3]

---

[1] Oran R. Young, "Political Leadership and Regime Formation: On the Development of Institutions in International Society," *International Organization*, XLV (Summer 1991), pp. 281–308.

[2] Ibid., pp. 298–300.

[3] Ibid., p. 294.

三、行为路径

"行为路径"的代表作是《重新定位中等强国：变化中的国际秩序中的澳大利亚和加拿大》。该论著提出，具有典型的中等强国行为的国家就是中等强国，这些行为包括：对国际问题追求多边解决方式的趋势、在国际争端中主张妥协立场的趋势、以"世界好公民"思想指导其外交行为的趋势。[①] 此书作者之一基姆·诺萨尔（Kim Nossal）在最新的一篇相关题材的文章中进一步对这三种典型行为进行了解释：一是促成国际政治中的矛盾各方进行谈判，通过和平方式解决冲突；二是将对全球问题的解决方案置于多边协议和国际组织等方式当中；三是带着一种主持正义的道德感，通过对国际体系的贡献来实现自身利益。[②] 此书将奥兰·杨的领导力理论作为中等强国外交行为理论的起点，同时指出，在霸权衰落的情况下，中等强国在国际关系格局中所发挥的技术性（technical）和开拓性（entrepreneurial）领导力的重要性在上升。[③]

《重新定位中等强国：变化中的国际秩序中的澳大利亚和加拿大》一书中"变化中的国际秩序"指的是冷战结束带来的国际格局的结构性变化，书中这样总结冷战结束后在国际关系的变化：在苏联解体、美国衰落的背景下，全球政治产生了新的权力空间，

[①] Andrew F. Cooper et al., *Relocating Middle Powers: Australia and Canada in a Changing World Order* (Vancouver: UBC Press, 1993), p. 19.

[②] Kim Richard Nossal, "'Middlepowerhood' and 'Middlepowermanship' in Canadian Foreign Policy," in *Canada's Foreign and Security Policy: Soft and Hard Strategies of a Middle Power*, eds. Nik Hynek & David Bosold (Ontario: Oxford University Press, 2010), pp. 26–27.

[③] Andrew F. Cooper et al., *Relocating Middle Powers: Australia and Canada in a Changing World Order* (Vancouver: UBC Press, 1993), p. 12.

中等强国比较擅长的非军事安全日程在全球政治议程中的重要性上升；随着非军事安全议程变得日益重要，中等强国的国内治理议程与国际政治的外交议程逐渐融合起来。[1] 军事安全在全球政治的重要性下降和非传统安全的重要性上升给中等强国带来的"重新定位"就是："等级路径"的重要性下降，"功能路径"的重要性上升。"等级路径"体现了对实力悬殊的现状的接受态度，"功能路径"体现了在实力悬殊的情况下集中优势力量推动发展变革的能动性。

行为路径中所列举的典型的中等强国的外交行为也是调动其"知识性的"和"开拓性的"能够"实现某些功能的资源"[2]，而行为路径本质上就是一种"优势外交"（niche diplomacy）——"将资源集中在具体的、最能够获得收益的具体领域，而非全面铺开"[3]。所以"行为路径"外交实质上是"功能路径"外交在冷战结束的时代背景下的升级与发展，中等强国的外交行为内容并无明显区别，区别在于大的国际关系体系的结构性变化，以及中等力量国家所擅长的非传统安全领域在国际政治议程中的重要性的提高。

在冷战前期和中期，由于两个阵营对峙，超级大国需要获得中等强国对自身领导力的支持；而中等强国通过服从大国领导（"等级路径"）来换取庇护和利益。在此背景下，中等强国对超级大国的"等级路径"的外交行为模式大行其道。而在美苏缓和直至苏联解体冷战结束的过程中，由于军事安全的重要性的下降，大国对中等强国的支持的需求减弱了，对中等强国的庇护和利益

---

[1] Andrew F. Cooper et al., *Relocating Middle Powers: Australia and Canada in a Changing World Order* (Vancouver: UBC Press, 1993), pp. 21–22.

[2] Ibid., p. 19.

[3] Ibid., pp. 25–26.

回报也随之减弱；另一方面，超级大国对中等强国的控制也在减弱，中等强国对大国的依赖性也减弱了。在冷战背景下中等强国也通过专注于自己的优势领域换取超越自身实力的影响力，随着冷战结束、大国力量相对衰落，国际关系中的领导力出现真空，中等强国得以将"功能路径"外交向纵深推进，发挥多议题（除了军事安全以外的经济、社会等各个领域）、多主体（除了大国强国以外，各中等强国纷纷发挥自己领导力）、多形式（除了"结构性领导力"以外的"知识性领导力"、"开拓性领导力"等）的国际领导力。《重新定位中等强国：变化中的国际秩序中的澳大利亚和加拿大》中"行为路径"的外交理论就是从这种大踏步发展了的中等强国外交活动中选取关贸协定"凯恩斯"集团谈判、亚洲经济合作组织等案例，总结归纳出中等强国的"行为路径"。

　　冷战期间，中等强国通过履行某些功能所获得的"功能性强国"地位是不稳定的[1]，而冷战结束后，中等强国则有可能在国际体系格局中获得相对稳定的"中等强国"地位。二战后直至冷战期间，全球治理的基础是"美、苏两超主宰世界及权力集中于少数大国的雅尔塔体系，该体制形态包括联合国和布雷顿森林体系下附属机构的世界银行、国际货币基金组织、关税与贸易总协定（世界贸易组织的前身），以及缘起于冷战期间的七国集团"[2]。在冷战期间强调军事安全的国际体系中，中等力量国家对军事安全没有发言权，其所擅长的非传统安全在国际政治议程中的重要性相对较低而且不稳定，所以中等力量国家

---

[1] Adam Chapnick, "The Canadian Middle Power Myth," *International Journal* (Spring 2000), p. 190.

[2] 丁工：《中等强国的崛起与中国外交布局的调整》，中共中央党校博士学位论文，2012年5月，第53—54页。

在非传统安全领域所发挥的功能性领导力也随着这些议程的起伏而变化。但是在冷战结束后，全球政治权力出现空间，非传统安全的重要性上升，在历史上就通过功能路径在非传统安全领域发挥技术性领导力和开拓性领导力的中等力量国家继续发挥其优势，就能够通过非军事安全领域的低政治议程获得相对稳定的领导地位。换句话说，冷战结束前，像加拿大这样的中等力量国家通过功能路径所实现的功能是在美国或超级大国主导的联合国体系下的功能。实现这些功能的议程并不是由中等力量国家所设定的，对这些功能性强国来说做什么能够实现利益最大化就做什么。在冷战结束后的多元化国际体系格局中，由于非传统安全议程的地位上升，中等强国就可以通过在非传统安全领域的外交行为获得一些全球政治权力，虽然这种领导力处于超级大国和强国的结构性领导力之下，但这种领导力在多极化的世界格局中仍然占据一席之地，在国际关系结构中具有稳定的地位。这种地位的稳固性体现在，中等强国可以按照自己的议程确定外交行为。这种议程和相应的外交行为与超级大国的意志可能相悖，而且可能超越超级大国所主导的联合国体系。

有批评认为，这种从行为的角度定义"中等强国"的方法犯了"同义反复"的逻辑错误[1]，而实际上从建构主义的视角可以解释"行为路径"的主要观点，即践行这些典型的中等强国的外交行为能够带来稳定的中等强国地位。"行为路径"理论的创始人之一基姆·诺萨尔（Kim Nossal）以一种建构主义的思路来解释中等强国的行为何以建构了中等强国的身份。他说，"国际政治中的中

---

[1] Carl Ungerer, ed., *Australian Foreign Policy in the Age of Terror* (Sydney: University of New South Wales Press). 转引自 Andrew Carr, "Is Australia a Middle Power?," *Australian Journal of International Affairs*, LXVIII, p. 74。

等强国更多的是与其行为相关而非状态。一个国家之所以成为中等强国不是因为它是什么而是因为它做了什么。"[1] 中等力量国家正是通过这些行为的过程来建构自己的中等强国身份，其获得中等强国身份的过程与其践行这些典型的中等强国的外交行为的过程是同一过程，两者之间既没有先后也无法割裂。《重新定位中等强国：变化中的国际秩序中的澳大利亚与加拿大》中明确提出，在冷战后的国际关系体系中，澳大利亚和加拿大都经历了一个在国际关系体系中被重新放置的过程，中等强国成为一种有用的类别。[2] 如果可以将这种"有用的类别"理解为中等强国这种身份的话，冷战后"一超多强"的世界格局使得加拿大得以作为"施动者"通过与其他行为体的互动来创建新的文化，并在构建新的文化的过程中建构自己的身份。[3]

诚然，《重新定位中等强国：变化中的国际秩序中的澳大利亚与加拿大》一书是几位来自加拿大和澳大利亚的学者对于对以加拿大和澳大利亚为代表的中等强国外交行为的概括，有偏理想主义之嫌。事实上，加拿大的身份是多角度的，中等强国除了践行多边主义、热衷斡旋、争当世界好公民以外，也有使用武力和战争的一面。

---

[1] Kim Richard Nossal, "'Middlepowerhood' and 'Middlepowermanship' in Canadian Foreign Policy," in *Canada's Foreign and Security Policy: Soft and Hard Strategies of a Middle Power*, eds. Nik Hynek & David Bosold (Ontario: Oxford University Press, 2010), p. 26.

[2] Andrew F. Cooper et al., *Relocating Middle Powers: Australia and Canada in a Changing World Order* (Vancouver: UBC Press, 1993), p. 172.

[3] 关于"共有的观念和文化作为国际体系结构""国际体系结构决定其中的行为体的身份和利益""国家作为行为体""行为体作为施动者与其他行为体互动而产生国际体系结构""施动者与结构的互构"等建构主义理论的观点，见亚历山大·温特著，秦亚青译：《国际政治的社会理论》，世纪出版集团，2008年版，译者前言，第18—24页。

第三节 分析框架

"中等强国"这一概念是加拿大在二战结束后为了追求外交独立性和在战后国际关系体系中更高的地位而发明的,加拿大对于中等强国的身份有着深深的认同。关于中等强国的外交行为,有三种主要的理论:"等级路径""功能路径"和"行为路径"。"等级路径"是指基于在国际关系结构中的实力差异,将大国作为自己外交的中心,对大国的领导采取拥护、默许、支持的态度,并且通过服从大国的"结构性领导力"来换取大国所给予的某些利益。"功能路径"是指不谋求在各个领域的全面的领导力,而是选择具体领域,通过实现某种具体的功能来提升自身的地位、实现自己的利益。其实现的途径是通过发挥"知识性领导力"——基于在某一领域的知识而提供的思路和专业支持和"开拓性领导力"——充当中间人、斡旋调停、建立联盟等。"行为路径"是指采取"斡旋、多边主义、世界好公民"的典型外交行为,即通过组织谈判调节分歧,用多边协议或国际组织来实现对全球性问题的解决方案,以及采取有道德感的有利于整个国际体系的行动。这往往是通过发挥在某一专门领域的专业知识的"知识性领导力"和旨在设立议程、建立联盟、推动议程的"开拓性领导力"来实现的,而且这两种领导力的力度和影响力比冷战结束前大大增强。

根据建构主义理论,中等力量国家的外交行为建构了其外交身份。冷战期间的中等力量国家的外交行为是具有依赖性的"等级路径"和追求独立性的"功能路径"的结合,中等强国可以发挥的功能基本属于在冷战期间重要性不高的非传统安全领域,因而中等强国所发挥的功能不能为其在国际关系体系中构建起的稳定地位。在冷战后"一超多强"的国际体系格局下新出现的国际政治权力空间部分地转移到了非传统安全议程领域，同时美国对于中等力量国家的控制放松，这些都使得中等强国的外交独立性增强。中等强国对美国的依赖性下降表现为"等级路径"的重要性下降；与此同时主要专注于非传统安全领域的"功能路径"的重要性上升，升级为代表典型的中等强国外交行为的"行为路径"。冷战后"一超多强"的国际关系格局为中等强国通过自己的外交行为建构稳定的中等强国身份，并在国际关系体系中获得居于强国之下的稳定的体系地位提供了可能。

由于本书专注于加拿大北极政策而不是对加拿大的外交行为进行研究，所以不能就加拿大的中等强国身份的形成过程做出详尽的分析。然而，从中等强国外交行为理论对加拿大的北极政策的分析可以看出相似的轨迹：冷战期间，加拿大的北极政策体现出对美的依赖性和独立性并存、独立性上升的特点。冷战结束后，加拿大在北极外交行为中的独立性明显增强，在建立北极地区的区域文化的过程中构建了作为北极地区的区域治理领导者的身份。

本书拟运用三种中等强国外交行为理论对加拿大的北极政策的发展过程进行分析。加拿大的北极政策可以冷战结束为界分为两个大的时期，因为冷战结束带来国际关系格局的结构性变化；在冷战期间以1968年特鲁多政府上台为界可以再分为两个时期，因为特鲁多政府领导下的加拿大的外交独立性明显提升。在这三个历史时期，加拿大在北极都取得了重要成就。第一时期指1945年到1968年跨越麦肯齐·金领导的自由党政府（1935年至1948年）、圣劳伦特领导的自由党政府（1948年至1957年）、迪芬贝克领导的保守党政府（1957年至1963年）、皮尔逊领导的自由党政府（1963年至1968年），这一时期最重要的成就是加拿大成功地争取到自己在北极陆地及岛屿的领土主权。第二时期指1968年至

1993年，是特鲁多领导的自由党政府（1968年至1984年）和马尔罗尼领导的保守党政府（1984年至1993年）的执政时期，在此期间加拿大又较为成功地争取到北极领水主权，并且宣布了对其北极地区的完全主权。第三时期指1993年到2015年，包含克雷蒂安领导的自由党政府（1993年至2003年）、马丁领导的自由党政府（2003年至2006年）和哈珀领导的保守党政府（2006年至2015年），总体来说，之前两个时期是加拿大围绕争取和巩固本国在北极的主权来开展外交的时期，第三个时期则是加拿大投身于北极区域治理时期。2015年11月，新近上台执政的小特鲁多自由党政府的北极政策还在形成期，不作为本书讨论的重点，但是加拿大北极政策的最新发展会在结论部分提及。

虽然三种外交行为理论在加拿大北极政策的各个时期都有体现，但本书认为加拿大这三个时期的外交政策分别着重体现了一种外交行为理论，因而在每个时期着重运用一种外交行为理论进行分析。第一时期（1945年至1968年）的加拿大北极政策主要运用"等级路径"进行分析，原因是这一时期处于冷战的高峰期，美国对加拿大有对抗苏联的军事安全需求；加拿大与美国之间实力悬殊且几届加拿大政府要么软弱要么亲美。加拿大在这一时期的北极政策中主要采取了对美国服从和依赖的态度。第二时期（1968年至1993年）加拿大北极政策主要运用"功能路径"进行分析，原因是在这一时期，冷战趋于缓和直至最终结束，具有强烈的民族主义和独立精神的特鲁多政府希望有所作为；然而在美国对加拿大的北极水域主权强烈反对的背景下，特鲁多政府只能运用本国的外交人员和法律人员的专长，沿着"法律功能主义"的思路，创造性地为加拿大在北极水域的主权问题取得了突破。加拿大在这一时期的北极问题上对美国采取在一定范围内推进自己的议程的"半独立"的态度。第三时期（1993年至2015年）的加拿大北极政策主要运用"行为路径"进行分析，因为这一时期从时间点来说与"行为理论"产生的背景完全吻合，即冷战结束这一国际关系的结构性变化，事实上这段时期加拿大的北极政策也切实体现出"行为路径"所列举的中等强国典型外交行为，国际关系体系的结构性变化以及加拿大政府对国际新秩序的拥抱态度是其背景及原因。加拿大在这一时期在北极政策上对美国虽然也有妥协，但是基本上采取了按照自己的议程推进"基本独立"的态度。在第二时期本书选用《北极水域污染防治法》作为"功能路径"的案例进行详细分析，在第三时期选取北极理事会的成立作为"行为路径"的案例进行详细分析。在此基础上，本书试图找到关于中国与加拿大在北极问题上的进行合作的启示。

第二章
冷战期间加拿大的北极政策（1945—1993）

二战结束后不久，冷战开始。北极地区是美苏两霸之间相互攻击的最短距离，而且北极地区特殊的自然条件为军事活动提供了重要的隐蔽，因此在冷战期间、尤其在冷战初期北极地区的重要性凸显出来。加拿大的地理位置处于两个霸权国家之间，有着非常特殊的战略地位。加拿大不仅是美国的北方邻国，而且与美国经济相连、文化相通，在冷战期间是美国的天然盟友。"北部"（The North）是加拿大民族认同的重要部分，加拿大的国歌里就唱到"真正的北方，强大而自由"（true North, strong and free），然而直到二战结束以后在加拿大的"北部"也就是北极地区的领土主权和领海主权都没有获得国际社会的认可，1945年到1993年是加拿大逐步树立和巩固其在北极地区的岛屿和水域的主权的过程。

在1945年到1968年这段时期，加拿大在北极问题上的主要成就是实现了对北极地区的陆地（也就是岛屿）的主权。这一时期的外交行为可以用"等级路径"理论进行分析。一方面，面对美国要求加拿大突破两国边界、在北极地区采取军事安全等方面的

"一体化"防御的要求,加拿大选择了服从和拥护;另一方面,加拿大以服从美国的战略为条件,在私下里通过谈判来向美国索取回报,这其中就包括美国承认加拿大对北极岛屿拥有主权。可以看出,符合"等级路径"的外交行为是基于对国际关系体系结构的"等级化"认识,也就是认为世界上的国家因为实力不同而处于不同等级,因而较低等级的国家就应该对较高等级的国家采取臣服态度。

这一时期,加拿大在北极地区的外交以对美国的服从和依赖为特点。加拿大在处理对美关系时,以"合作"的方式解决分歧,在与美国有不同意见时"不必让华盛顿政府在世界舞台上感到尴尬"。[①] 这种所谓的"静悄悄的外交"与当时的时代背景有着密切关系。这一时期是从冷战开始到逐渐展开,美苏两国剑拔弩张,局势紧张,北极地区成为美国防御苏联的轰炸机的前线。美国要求加拿大配合美国的军事部署,在北极地区共同对抗苏联。二战后,外交方面刚刚独立的加拿大在处理外交事务方面力不从心,往往趋于保守,在紧张的冷战格局下对美国的领导力以服从为主。紧张的冷战格局、美国的强势和加拿大政府的软弱,使得对美国服从、在暗地里讨价还价成为加拿大这一时期对美关系的主要方式。

1968年到1993年,特鲁多政府和马尔罗尼政府在北极问题上的主要成就是基本实现了加拿大在北极水域的主权,并进而宣布了加拿大在其相关的北极地区的完全主权。这一时期的外交行为可以用"功能路径"理论进行分析。功能路径是指不谋求在各个领域的全面的领导力,而是选择具体领域,通过实现某种具体的

---

① Adam Chapnick, "Running in Circles: The Canadian Independence Debate in History", in-Brian Bow & Patrick Lennox, eds., *An Independent Foreign Policy for Canada?*, (Toronto: University of Toronto Press, 2008), p. 33.

功能来提升自身的地位，实现自己的利益。其途径是通过发挥"知识性领导力"和"开拓性领导力"来展开。加拿大知道自己并不具备在北极地区宣布完全主权的条件，因而选择履行北极地区的"环境保护"的功能来行使所谓的"功能性主权"，以此作为在北极水域实现主权的突破口，直至之后在北极水域宣布完全主权。在这一过程中，加拿大充分发挥了在国际法和环保等领域的"知识性领导力"以及开展双边和多边谈判、通过斡旋建立联盟，以使得自己的主张获得接受的"开拓性领导力"。可以看出，符合"功能路径"的外交行为多是选择某一具体的有优势的领域发挥某种功能。

这一时期，加拿大在北极地区的外交与前一个时期相比，独立性明显增强。加拿大自主地选取优势领域来实现自己的目标和利益。"优势外交"这一概念的基础是二战后自我认同为中等强国的加拿大和澳大利亚在其外交中的"功能主义"原则，即选择自己有资源、有声望的领域承担责任；并借用了生物学和商学中"优势领域"（niche）的概念，指一个国家像一种生物或者一个公司那样，找到自己的优势领域并通过政策创新和执行来占据它。[①]这一时期的时代背景为加拿大践行"优势外交"提供了条件。在这一时期冷战出现缓和迹象，并且随着导弹时代的来临，北极失去了防范苏联轰炸机的战略意义，而北极地区的资源开发的重要性上升。加拿大的外交能力日趋成熟，使得具有民族主义精神的特鲁多政府能够在加拿大的优势领域有所作为。国际环境、北极地区的缓和态势以及特鲁多政府的创新精神使加拿大在北极问题上践行"优势外交"成为可能。

本章按照以上两个时间段分为两个小节。在1945年到1968年

---

① Andrew F. Cooper, ed., *Niche Diplomacy: Middle Powers after the Cold War* (Basingstoke: Macmillan Press, 1997), pp. 4–6.

期间，加拿大在北极问题上的主要成就是实现了在北极地区的领土主权。下文拟结合"等级路径"的中等强国外交行为理论对这段历史进行梳理。在1968年到1993年期间，加拿大在北极问题上的主要成就是实现领水主权直至宣布在北极相关区域的完全主权。下文拟结合"功能路径"的中等强国外交行为理论对这段历史进行梳理。本章小结将对这两个阶段加拿大外交的演进特点及其原因进行总结。

第一节　确立北极岛屿主权（1945—1968）

早在1880年，英国的一纸枢密令就将广阔的北极地区转让给加拿大。当时的加拿大自治领亚历山大·麦肯齐政府表示："对（北极）群岛感兴趣，但是兴趣不大。"[①] 在1897年之前，加拿大政府甚至在地图上从未把北方地区标注为行政区域。直到加拿大国内各界要求政府对北方地区进行有效管辖的呼声越来越强烈时，加拿大政府才于1903年，派人去哈德逊湾进行考察。加拿大与美国在阿拉斯加边界的纠纷使得政府的北方意识加强。1907年，参议员帕斯卡·珀瑞尔（Pascal Poirier）提出"扇形原则"（Sector Principle）或"扇形理论"（Sector Theory），即加拿大国界的东西最远点向北极点连线之间的一切海域和岛屿都是加拿大的主权范围。这被认为是加拿大宣示北极主权的首次尝试。此后，"扇形原则"虽被加拿大政府屡次使用，但始终没有得到国际社会的认可。著名国际法学家伊恩·布朗利（Ian Brownlie）曾指出："扇形原则不过是一种粗糙的划界方法，没有成为独立的法律规制。"[②]

[①] E. J. Dosman, ed., *The Arctic in Question* (Toronto: Oxford University Press, 1976), p. 14.
[②] 伊恩·布朗利著，曾令良译：《国际公法原理》，法律出版社，2007年版，第125页。

第二次世界大战期间，美国在阿拉斯加建设高速公路，作为战时重要的物资运输通道和交通路线，而加拿大北极地区成为美国与阿拉斯加的重要战略枢纽。同时，大量西方援助物资穿过北冰洋航线源源不断地运往苏联，北极地区在军事上发挥了重要的战略作用。战后，随着1946年3月英国时任首相丘吉尔的"铁幕演说"正式拉开冷战序幕，美苏两大集团的政治和军事对抗升级，各自出台了对抗色彩浓重的安全战略。北极地区厚厚的冰川成为军事设施的天然掩体，作为冷战前线的北极地区被高度军事化。美苏两国在北极地区都保持了驻军和军事占领，一时间北极地区成为冷战的前线。加拿大特殊的地理位置使其在美国对抗苏联的冷战中具有重要的战略意义。

根据前文对"等级路径"的总结，除了国家间实力的悬殊以外，地缘政治也是影响中等强国外交行为的重要因素。在1945年到1968年间加拿大的北极政策中，"等级路径"具有明显的解释力。加拿大与美国的实力悬殊毋庸置疑。与此同时，加拿大既是美国的邻国，又是美国从北极地区防御和对抗苏联的前沿阵地。加拿大北极政策中典型的"等级路径"表现为：美国是这一时期加拿大的北极外交的绝对中心，加拿大对美国在北极地区的战略部署基本采取拥护、默许、支持的态度，同时从对美国的这种看似仆从的北极政策中收获了在北极区域的领土主权以及若干实际利益。但有批评认为加拿大是确保美国安全而牺牲了自己的主权。[1] 然而，就如资深政治家、加拿大外交官、学者约翰·霍尔姆斯（John Holmes）所说："现在需要在更好的理解历史的前提下，重新审视那些成见和臆断，既加拿

---

[1] 类似评论很多，其中比较典型的又具备比较详实的论证的是 Shelagh Grant, *Sovereignty or Security?: Government Policy in the Canadian North* (Vancouver: UBC Press, 1994).

大已被美国控制并逐渐失去自己的身份。"① 从这一时期加拿大北极政策的历史，尤其是建立"气象站"和"远程预警线"的过程，不难看出加拿大在当时作为冷战的前沿的北极问题上，如何在"安全""主权"和"利益"等因素之间小心地寻求某种平衡。这一时期加拿大对美依赖性的北极政策绝不是不得已而为之的无奈之举，而是精心设计的最佳方案。

一、气象站的建立

二战期间，由于战争需要，美国军队几乎可以无阻碍地进入加拿大。然而，无论是战争期间还是战后，加拿大政府对于美国的意图是存有戒心的，对于美国有可能对加拿大主权的侵犯是有警觉和防备的。二战期间，加拿大总理麦肯齐·金就对美国在加拿大修建的大量军事防御工程的动机感到怀疑："（阿拉斯加公路的修建）与其说是防御日本人，不如说是美国控制西半球的一根手指。"② 战争结束后，当加拿大通过购买的方式收回美国在加拿大北部修建的"小型"机场时，发现该机场耗资巨大。这表明美国当初在加拿大建设的安全防卫工程并不是一种临时性设施，这更加引起加拿大的警觉。

1945年初，美国派陆军上校胡巴德（C. J. Hubbard）与加拿大政府接触，试探战后在加拿大北极地区建立气象站的可能性。1946年5月1日，美国大使馆正式向加拿大政府提出在加拿大北部建设气象站。历史学家 W. A. B. 道格拉斯（W. A. B. Douglas）认为："战后，美国在北极的活动是战时行动的延伸，是通过（在

---

① John Holmes, *Life with Uncle: the Canadian American Relationship* (Toronto: University of Toronto Press, 1981), p. 3.
② E. J. Dosman, ed., *The Arctic in Question* (Toronto: Oxford University Press, 1976), p. 21.

北极）建立牢固的气象站来达到（军事）目的。"① 而冷战时期的安全防卫合作与二战时期共同面对法西斯的合作显然有本质不同。7月2日，加拿大政府告知美国，不反对美国的提议，但需要更多时间来研究；与此同时，加拿大内阁就如何回应美国展开激烈的讨论。

在冷战最初的几年，加拿大认定"苏联是北美的唯一威胁"。② 在冷战的局势下，与美国合作对抗苏联似乎是加拿大非常自然的选择。然而，面对美国建立气象站等安全合作的提议，加拿大在主权没有得到充分保障并获得想要的条件之前，采取了拖延的办法。美国也意识到加拿大在共同建站项目中的顾虑："虽然这只是一个小的项目，但它和高级别的防卫计划紧密相连"③。经过仔细协商，1947年初，两国通过了一系列管理北美大陆防卫的正式行动纲领，其中虽没有提及"扇形原则"，但是加拿大得到明确保证，其在北极的领土主权不会受到威胁。

在上述基础上，加拿大终于在1947年初答应气象站作为联合项目予以批准。加拿大承担永久建筑物和机场跑道的费用，还有加方人员的薪酬；虽然美国负责大部分设备和美国人员的薪酬，加拿大政府还是一再强调对这些项目的主导性。为了避免国内民众对该项目是否涉及主权问题而产生敏感情绪，加拿大政府强调这些项目的民用性质："加拿大的北方项目主要是民用项目。只是按照多年的惯例，由军队施工"④，在气象站项目上，加拿大坚持气象站的修建是提供"天气预报为国内和国际的航空

---

① Elizabeth B. Elliot-Meisel, *Arctic Diplomacy: Canada and the United States in the Northwest Passage* (New York: Peter Lang, 1998), p. 80.

② Ibid., p. 65.

③ Ibid., p. 85.

④ Jack Pickersgill & D. F. Forster, *Mackenzie King Record* (Toronto: University of Toronto Press, 1973), p. 24.

活动提供便利"①。对此,美国也表示理解和支持。根据加美项目协议,1947年至1950年间有五个气象站建成。

事实证明,加拿大这种有条件的服从不仅获得了美国对其北极地区的陆地主权的默认,又从气象站项目中得到了实际的好处,还巩固了双边关系。1947年下半年,加拿大国内爆发了严重的金融危机,经济几近崩溃。截至1949年初,加拿大通过"马歇尔计划"获得的经济援助达到7.06亿美元。②在加拿大经济的危难关头,美国对加拿大的帮助如此之大,以至于麦肯齐·金之后的总理路易·圣劳伦特(Louis St. Laurent)多次公开表示拥护与美国的安全防卫合作:"如果我们不和美国合作进行安全防卫,这将是我们犯下的愚蠢罪行"③,"如果第三次世界大战爆发,即使99%的国民希望保持中立,加拿大也不可能置身事外"④。

然而,加拿大承认对美国的领导力,并不代表加拿大政府放松了对北极地区的主权问题。为了保护加拿大在北极地区的主权,加拿大政府在1948年1月成立了北部发展顾问委员会(Advisory Committee on Northern Development,简称ACND),专门负责协调和监测北部地区的民用和军事项目,及时发现有可能危害加拿大在北极地区主权的行为并做出反应。该机构在枢密院办公室召开会议,直接向内阁汇报,地位十分突出,自成立一直到60年代末在

---

① Elizabeth B. Elliot-Meisel, *Arctic Diplomacy: Canada and the United States in the Northwest Passage* (New York: Peter Lang, 1998), p. 82.

② Jack Pickersgill & D. F. Forster, *Mackenzie King Record* (Toronto: University of Toronto Press), 1973, p. 24.

③ Ibid.

④ Bernd Horn, "Gateway to Invasion or the Curse of Geography? The Canadian Arctic and the Question of Security, 1939-1999," *Forging a Nation: Perspectives on the Canadian Military Experience*, ed. Bernd Horn (St. Catharine's: Vanwell Publishing, 2002), p. 318.

北极事务中居于领导地位。[1]

二、远程预警线

除了建设气象站，美国针对北极防卫还制定了一系列具体方案，开展了多项活动。美国海军在1946年、1947年夏天对北极水域进行巡航；450名加拿大人和大约100名美国军人在丘吉尔港训练军事人员，测试寒冷天气下的军事设备。不过，这一时期加属北极建造的最广泛最持久的军事设施是以"远程预警线"（Distant Early Warning Line，简称 DEW）为代表的空中防卫体系，而这是加拿大运用对大国的"等级路径"开展外交的又一次成功实践。

1949年，苏联爆炸第一颗原子弹。随后，朝鲜战争爆发。北极地区在冷战中的战略重要性凸显出来。加拿大政府和美国政府一致认为有必要沿两国边境线构建一条雷达线，监测苏联轰炸机，为美加两国反击赢得时间。于是，"松树防线"（Pine Tree Line）于1951年开始布署，1954年完工。美国承担了其中三分之二的费用。这个雷达网包括33座雷达站，从温哥华岛横跨到拉布拉多。1953年8月，苏联爆炸了第一颗氢弹，冷战升级的压力再次使北极地区的战略地位升级。美国提出，沿着北纬70度，从阿拉斯加延续到巴芬岛（最终延伸到格陵兰），建造一条全长8000多千米的综合雷达链，以便尽早监测苏联轰炸机。这就是所谓的"远程预警线"。由于"远程预警线"完全位于加拿大的北部地区，这条雷达链的建造再次牵涉到了加拿大在北极地区的主权问题。

加拿大再次选择了服从美国的意志，答应了在加属北极境内

---

[1] P. Whitney Lackenbauer & Daniel Heidt, "The Advisory Committee on Northern Development: Context and Meeting Minutes 1948–66," *Documents on Canadian Arctic Sovereignty and Security* (November 2015), p. 68, retrieved on April 4, 2016, from https://www.sju.ca/CFPF/Publications.

建造"远程预警线"的提议,但是加拿大的谈判专家借此机会争取到了经济和物质上的实惠,以及在北极地区的岛屿主权。正如奥兰·杨在关于"结构性领导力"的理论中所指出的那样:如果一方从不达成协议当中损失较小,而另一方从不达成协议当中损失较大,那么前者在谈判中较有优势,而这跟双方的实力没有必然关系。① 正是由于在冷战时期加拿大在美国的全球战略中不可或缺,倘若加拿大不配合美国从中损失更大,所以加拿大以服从为条件,并从对美依赖关系中获得想要的结果——加拿大在北极的主权(主要是岛屿等陆地部分)以及其他利益。

据估计,"远程预警线"的修建花费6亿美元。美国承担全部建造费用,但美国公司必须分包给加拿大公司、雇佣加拿大的技术人员和后勤人员。② 除了工程费用,美国每年支付2500万至2800万美元,用于"远程预警线"的运营,其中大部分资金也流入了加拿大"预警线"工程雇佣的平民中,只有极少数给了军人。供应的食品和空运物资也从加拿大供货商手中采购。"远程预警线"协议要求承包商在施工期间和运营阶段优先录用合格的加拿大劳工,据估计,该项目所雇用的平民中大约96%是加拿大人,包括加拿大北部的原住民。

不仅如此,通过"远程预警线"项目,加拿大还获得了美国对于其在北极岛屿的控制权的承认。具体来说,根据加美协议,加拿大保留北方领土范围内所有施工场所的所有权,坚持拥有检查工程建设和批准方案任何改动的权利。加拿大皇家骑警警员和北方服务局官员进驻若干施工现场,调节和因纽特人的关系,监督野生动物保护法的执行。此外,美国同意分享施工和运营期间

---

① Oran R. Young, "Political Leadership and Regime Formation: On the Development of Institutions in International Society," *International Organization*, XLV (Summer 1991), pp. 288-289.

② E. J. Dosman, ed., *The Arctic in Question* (Toronto: Oxford University Press, 1976), p. 26.

掌握的地质、水文地理及其他科学数据。加拿大政府船只和飞机可以使用海滩和小型机场的降落设施。没有加拿大方面的同意，美国严禁在支持"远程预警线"运作之外的任何活动使用小型机场。历史学家亚历山大·赫德（Alexander Herd）评论说①，"这些限制条件与加拿大主权敏感领域紧密联系起来，表明了加拿大控制这些领域与欲望。"而且，由于工程施工人员几乎全是加拿大人，"远程预警线"工程从事实上加强了加拿大"实际占领"北极的主张，这本身就是加拿大对其北部主权的强化。在加美项目合作中，加拿大要求美国在北极相关区域遵守《北极野生动物保护法》《科学家与探险家条例》和《考古遗址条例》等加拿大国内法。举例来说，美国人在北极狩猎之前，必须请求获得加外交部或者自然资源部（Department of Mines and Resources）的批准。美国对这些法律的遵守实际上又支持了加拿大对相关区域主权的宣示。"远程预警线"项目的实际效果正如历史学家迈克尔·埃文斯（Michael Evans）所总结的那样，该项目"允许美国建设并运营远程预警线……（以及）保卫加拿大政府的主权，同时为加拿大经济提供财政补贴，促进加拿大边疆地区的开发"②。1955年夏天，"远程预警线"项目开始施工，1957年竣工。在其全盛期包括78座雷达站，绵延8000余千米，从阿拉斯加延伸到格陵兰。据说该预警线能侦察到并跟踪60000英尺高空的飞机。

"远程预警线"成为北美联合军事防御的重要部分。1958年，美加签署协议成立"北美防空司令部"（NORAD），联合监视和控制北美领空，将美加军事防御牢固地合并为一体。在构建和维护

---

① Herd A. W. G., *As Practicable: Canada-United States Continental Air Defense Cooperation 1953-1954* (MA thesis of Kansas State University, 2005), p. 86.
② Evans M. W., *The Establishment of the Distant Early Warning Line, 1952-1957: A Study of Continental Defense Policymaking* (MA thesis of Bowling Green University, 1995), p. 72.

美加北部安全方面主要由美国提供资金和技术。由于美国军事上的支持和保护,加拿大才能够在冷战激烈对峙的北极前线实现本国的最小化军事存在。"北美防空司令部"是加拿大依赖于美国而获得安全的又一个典型例证。

具有讽刺意味的是,正当"远程预警线"要开始发挥威力的时候,苏联发射了第一颗人造卫星,导弹时代来临了。而"远程预警线"只能应对轰炸机,对洲际弹道导弹毫无作用。加拿大从此项目中占尽好处,而"远程预警线"却没有实现美国最初的设想。

20世纪60年代初期之后,北美的空中防卫体系迅速衰落了。"远程预警线"军事设施从78个削减到了31个。到1965年,只有"远程预警线"的雷达站还保留着。到1969年,加拿大在北纬60度以北区域的军事力量缩减到397名。

在1957年到1963年迪芬贝克执政时期和1963年至1968年皮尔逊的政府执政时期,两届政府都非常渴望在加拿大北极主权问题上有所作为,希望通过"扇形原则"来宣布在北极地区的完全主权,但由于了解到美国的激烈反对,加拿大一直保持了3英里的领海,只是通过单边划定毗邻3英里领海的9英里捕鱼区。在整个过程中,加拿大从未公开挑战美国的权威,即便是与美国之间的讨价还价也是在私下里低调进行。这一时期,加拿大的北极政策在美国所能够允许的范围内取得了最大成就。在对自身相对实力和国际局势清醒认识的前提下,加拿大务实而耐心,展示了其实现中等强国目标的决心。

第二节 基本确立北极水域主权(1968—1993)

1957年,苏联成功研发了洲际弹道导弹。由此洲际弹道导弹成为其主要的核武器运载工具。美国建于阿拉斯加、格陵兰和英国的"弹道导弹预警系统"用于监控洲际导弹，而远程预警系统（DEW）也就失去了拦截苏联导弹的意义，北极地区也不再是冷战的前线了。当北极地区在冷战日程上的重要性降低的时候，美国和加拿大对北极地区主权问题的关注程度也有所下降，加拿大在北极地区的兵力大多被撤回。[1]

在北极地区的军事战略价值下降的同时，其经济价值却随着北极地区潜在的资源蕴藏被关注而悄悄地上升。育空地区的大熊湖和大奴隶湖长久以来都是金矿区，西北地区又在20世纪30年代发现了蕴藏丰富的铀矿。而在苏联所属的北极地区的金产量到了50年代已经占据全国金产量的四分之三，总产量仅次于南非，占全球第二。加拿大地质勘探局于1952年和1954年在北极的探测显示，北极地区拥有丰富的石油、天然气和矿产。[2] 所有这些都极大地刺激着石油、天然气和矿产开采等行业巨头开发北极地区的热情。加拿大在北极水域的主权问题也随着该地区潜在的经济地位的上升而被提上日程。

"功能路径"可以解释加拿大在这一时期的北极政策。首先，特鲁多政府认识到，在当时的情况下加拿大在北极水域主权问题上不可能实现完全主权。美国的坚决反对是主要原因。虽然美国不反对加拿大在北极陆地区域获得主权，但是由于美国从全球战略出发，主张在世界海域自由通行，所以对加拿大在北极水域，尤其是西北航道的主权持反对态度。另外，加拿大在北极水域宣布主权的法律基础并不稳固。基于此，加拿大在北极水域主权问

---

[1] Adam Lajeunesse, *Lock, Stock, and Icebergs: A History of Canada's Arctic Maritime Sovereignty* (Vancouver: UBC Press, 2016), p. 122.

[2] John English, *Ice and Water: Politics, Peoples, and the Arctic Council* (Toronto: Allen Lane, 2013), pp. 81–82.

题上只能采取迂回的"功能主义"的路径来争取，即先选择一个具体的领域，通过实现某些功能来部分地实现主权。在这一时期，加拿大在北极政策上充分发挥了"功能路径"的"知识性领导力"和"开拓性领导力"。特鲁多时期，加拿大运用在国际法专业知识（"知识性领导力"）创造性地以在北极水域进行污染防治这种"功能性主权"的主张为突破口，并发挥出色的外交能力（"开拓性领导力"），游说国际社会尤其是美国接受自己的主权主张。在马尔罗尼执政时期，加拿大继续发挥其在国际法领域的"知识性领导力"，证明加拿大在北极水域通过"直线基线原则"宣布完全主权的合法性。与此同时，马尔罗尼与里根总统的紧密关系有助于加拿大发挥"开拓性领导力"，赢得美国对加拿大在北极水域的主权的支持。

一、加拿大确立在北极水域的功能性主权

1969年，当美国"曼哈顿"号穿越西北航道，加拿大国内舆论强烈要求特鲁多政府宣示加拿大在北极水域的主权主张。然而，美国对加拿大在北极水域的主权要求强烈反对，而特鲁多也并不清楚加拿大在北极水域的主权主张到底是什么。特鲁多的外交事务特别助理伊万·海德（Ivan Head）本人就是一名国际法律师。以他为代表的加拿大法律专业人士在内外交困的情境下未乱方寸，深入研究国际法和加拿大在北极水域宣示主权的基础。倘若按照"直线基线"原则直接宣布加拿大在北极水域的主权，既缺乏必要的国际法依据，又会招致美国的强烈反对且没有任何商议的空间。加拿大的国际法专业人士在当时全球环境保护的趋势增强、北极水域撞船事故导致的污染事件频发、国际法缺乏相关立法的情况下，提出了加拿大在北极水域实施污染防治的功能性主权。这虽

然不是宣布对北极水域的完全主权,但在完全主权主张必然遭受失败的情况下,这种"功能性主权"的主张成为加拿大解决北极水域主权问题的突破口,非常典型地体现了"功能路径"的中等强国外交。

"曼哈顿"号危机和《北极水域污染防治法》的出台过程将在下文的案例分析部分详细叙述。根据亚当·拉热内斯的分析,特鲁多时期对于加拿大的北极水域主权的最重要的贡献是确立了加拿大将北极水域作为"历史性内水"的主权主张。① 在此之前,加拿大政府对于北极水域的主权问题没有统一的定位,北极水域被称为"历史性水域"(historic waters)、"内水"(internal waters)、"内陆水域"(inland waters)等。1969 年"曼哈顿"号危机期间,特鲁多宣称北极水域是加拿大的内水。② 可是,他在晚些时候的议会众议院辩论时又指出,北极的陆地和水域"在过去的450 年中日益成为加拿大的北极"③,也就是说是历史性水域。1970 年,时任加拿大外交部长夏普(Mitchell Sharp)表示,北极水域本来就是历史性水域④,之后又说其是内水⑤。直至20 世纪70 年代初

---

① Adam Lajeunesse, *Lock, Stock, and Icebergs: A History of Canada's Arctic Maritime Sovereignty* (Vancouver: UBC Press, 2016), pp. 178 – 181.

② *House of Commons Debates*, March 28, 1969, 28th parliament, 1st Session, p. 8826. Retrieved on March 3, 2016, from http://parl.canadiana.ca/view/oop.debates_HOC2801_08/796?r=0&s=1.

③ *House of Commons Debates*, October 24, 1969, 28th parliament, 2nd Session, pp. 30 – 40. Retrieved on March 3, 2016, from http://parl.canadiana.ca/view/oop.debates_HOC2802_01/32?r=0&s=1.

④ *House of Commons Debates*, April 17, 1970, 28th parliament, 2nd Session, pp. 6014 – 6015. Retrieved on March 3, 2016, from http://parl.canadiana.ca/view/oop.debates_HOC2802_06/532?r=0&s=1.

⑤ *House of Commons Debates*, April 16, 1970, 28th parliament, 2nd Session, p. 5953. Retrieved on March 3, 2016, from http://parl.canadiana.ca/view/oop.debates_HOC2802_06/471?r=0&s=1.

期，特鲁多政府将北极水域清楚地定位为"历史性内水"(historic internal waters)。

《北极水域污染防治法》毕竟是以加拿大单边主义的国内立法的形式宣告对北极水域污染问题的管理权。这种管理权在国际社会尚未获得认可，而美国对此更是强烈反对，因为"这种接受会危害到航行自由这一美国在世界范围内的航海活动的核心原则，并且有悖于美国的一个根本立场，那就是，公海区域的机制只能通过多边协议来改变。而且，美国在全球范围内都限制毗邻公海的国家向公海区域延伸其主权。如果其他国家看到，像加拿大这样的地理、政治、经济上与美国都如此接近的国家在美国如此反对的情况下都能够如此行事，美国的这些努力也会大打折扣"。①

为此，加拿大的法律专业人士在各种国际法专业场合通过正式和非正式的方式彰显该法规的合法性，加拿大的外交人员则通过各种外交努力试图使各国、尤其是美国接受该法规的合理性。前者是"思想的力量"带来的领导力，也就是"知识性领导力"；而后者是通过斡旋谈判、制定议程、建立联盟等发挥出来的"开拓性领导力"。这两种领导力都是中等强国物质实力不足的情况下的功能性外交路径的典型特点。加拿大在北极水域污染防治方面的功能性主权就通过这样的"知识性领导力"和"开拓性领导力"确立起来。

1970年4月，美国国际法学会在纽约开幕。加拿大国际法律师带着题为《加拿大建立海洋环境保护区的行动倡议：其对于国际法的多边发展的意义》的报告出席了会议，试图从国际法的角度为北极海域污染保护区的建立进行辩护。1970年6月，罗德岛大学海洋法研究所第五届年会召开。加拿大的两位国际法权威勒

---

① Theodore L. Eliot Jr., "Information Memorandum for Mr. Kissinger," 转引自 Ken S. Coates et al., *Arctic Front* (Toronto: Thomas Allen Publishers, 2008), pp. 123 – 124.

高尔特（Len Legault）和约翰斯顿（Douglas Johnston）参会，表明北极水域自然条件的特殊性决定了对这一地区的环保立法的特殊性。[1]

在外交方面，海德和比斯利（Alan Beesley）前往苏联、瑞典、美国、英国等国，积极说明北极水域的环境的特殊性、特定的环保立法的必要性以及加拿大作为北极水域的托管者的合理性。这一时期，加拿大的国际法界也积极与美国和各国同行接触，力图增加加拿大的观点的影响力。1971 年 5 月，特鲁多总理访问苏联，其间积极争取苏联对加拿大的立法的支持。然而，在 1972 年召开的斯德哥尔摩人类环境会议上，加拿大代表团提出的沿海国家对于相邻海域的污染防控采取功能性控制的提议并未被采纳。

1973 年，第三届联合国海洋法大会召开。加拿大与会代表的首要目的就是使得《北极水域污染防治法》所规定的加拿大在北极水域的功能性主权获得认可。之前，加拿大的法律和外交专业人士所做的努力为此做了良好的铺垫，而比斯利率领的加拿大代表团从多边外交到双边外交的谈判、斡旋能力使得加拿大的既定目标得以在《联合国海洋法公约》第 234 条款得以实现。[2]

在多边外交方面，在这次政府间海事咨询组织（Inter-governmental Maritime Consultative Organization，简称 IMCO，是国际海事组织的前身）拟召开正式会议之前，加拿大就广泛联系诸多与自己立场基本一致的发展中国家参会。这一多边外交的准备工作十分成功，被动员来参会的发展中国家达到正式参会国家数量的一

---

[1] Lewis M. Alexander, ed., *Proceedings of the Fifth Annual Conference of the Law of the Sea Institute*, June 15 – 19, 1970 (University of Rhode Island, 1971).

[2] 加拿大在第三届联合国海洋法大会上复杂艰苦的谈判过程，见：Clyde Sanger, *Ordering the Oceans: The Making of the Law of the Sea* (Toronto: University of Toronto Press, 1987). Justin Nankivell, *Arctic Legal Tides: The Politics of International Law in the Northwest Passage* (PHD Thesis of the University of British Columbia, July 2010), pp. 302 – 370.

半以上，大大增强了维护海洋沿岸国权利的声音。

在双边外交方面，加拿大对苏联和美国的外交活动对最终成果的达成起到了决定性作用。加拿大深知，如果要使得《北极水域污染防治法》在联合国的海洋法规公约中得到正式认可，美国所起的作用是最核心的。在冷战的环境下，获得苏联的支持是赢得美国支持的有力筹码，尤其是因为苏联与加拿大一样也是北极区域大国，在重大问题上有可能与加拿大拥有相似的利益诉求和立场。

加拿大与美国的双边谈判始于1974年7月。其间，加拿大清醒地认识到，在冷战环境下，美国出于全球安全的考虑，对于国际海峡无障碍通过的原则不会做丝毫妥协。其中的一个重要原因是美国自70年代以来的核潜艇实力得到长足发展，假如没有国际海域的自由通行，美国核潜艇的优势则不能得以发挥。因为美国无法容忍类似加拿大这样拥有国际海峡的沿岸国制定类似法律，破坏美国在国际海峡的自由通行，所以美国不会支持加拿大的《北极水域污染防治法》，更不会同意将承认海峡沿岸国对沿海区域的功能性主权的条款写入《联合国海洋法公约》。由此，在加美双边谈判中，两国逐渐产生了"北极特殊化"的思路，即由于北极自然环境的特殊性，北极水域应该适用沿岸国的功能性主权，这就避免了世界其他地区的临海国家对于相邻海峡的主权要求。美国默认"北极特殊化"原则，也就是说自由通行原则不适用于北极水域。作为交换，加拿大支持美国在世界海域的普遍的自由通行原则。

"北极特殊化"的另一个利益攸关国是苏联，加拿大通过对苏联的双边外交开展了对苏联的说服工作。苏联起初对于参加联合国海洋法大会的谈判并不热衷。在冷战思维下，苏联完全从传统安全的意义上看待本国濒临的北极的水域地区、特别是"北方通道"(Northern Passage),强调对此水域的完全控制权而不愿意就此谈判。加拿大对苏联做了耐心而持久的说服工作,向苏联表明,北极水域沿岸国家对北极水域环保问题的功能性主权如果在《联合国海洋法公约》中得到认可,将对美国出入苏联毗邻的北方通道起到重要的限制作用。这虽然不是苏联期待的对其毗邻水域的完全主权,却可能被美国接受而写入《联合国海洋法公约》,从而获得国际范围内的权威性认可。加拿大不厌其烦的外交努力赢得了苏联的理解和认同,1976年3月末,苏联对加拿大所提出的"北极水域特殊化"的主张表示支持。

在此基础上,加拿大代表团通过正式谈判、穿梭外交,终于使《联合国海洋法公约》内写入了第234条款,实现了对北极沿岸国对北极水域在污染防治方面的功能性主权的保护。其原文是:"沿海国有权制定和执行非歧视性的法律和规章,以防止、减少和控制船只在专属经济区范围内冰封区域对海洋的污染,这种区域内的特别严寒气候和一年中大部分时候冰封的情形对航行造成障碍或特别危险,而且海洋环境污染可能对生态平衡造成重大的损害或无可挽救的扰乱。这种法律和规章应适当顾及航行和以现有最可靠的科学证据为基础对海洋环境的保护和保全。"[1]

《北极水域污染防治法》和《联合国海洋法公约》234条款被指责为重视功能主义路径而忽略了北极主权的目的[2],实际上并非如此。参加联合国海洋法会议的加拿大代表团清醒地意识到加拿大在北极水域的主权主张并未就此完成,在加拿大的功能性主权通过《联合国海洋法公约》234条款获得国际社会认可后,宣布

---

[1] http://www.un.org/Depts/los/convention_agreements/texts/unclos/unclos_c.pdf.
[2] Rob Huebert, "Article 234 and Maritime Pollution Jurisdiction in the Arctic," *The Law of the Sea and Polar Maritime Delimitation and Jurisdiction*, eds. Alex G. Oude Elferink & Donald Rothwell (Martinus Nijhoff Publishers, 2001).

"直线基线"原则以实现加拿大在北极水域完全主权的目标便被提上了日程。

二、加拿大宣告在北极水域的完全主权

认可"北极水域特殊化"的第 234 条款被正式写入了 1982 年的《联合国海洋法公约》。虽然美国因为海底海床开发问题的争议至今仍未批准该公约,加拿大也因为海床开发问题推迟到 2003 年才批准该公约,但是美国与加拿大有协议,承诺不会挑战加拿大在北极水域的功能性主权。而 234 条款仍不失为国际法对加拿大在北极水域污染防治的功能性主权的正式承认。加拿大在北极水域这一"功能性主权"的确立是加拿大下一步宣布"直线基线"原则在北极水域确立完全主权的基础。

加拿大法律专业人士在《联合国海洋法公约》234 条款确立后根据对新的国际法形势的分析做出判断,认为加拿大已经具备宣布"直线基线"原则的法律条件。这可以被看做是加拿大运用国际法领域的"知识性领导力"。"直线基线"原则宣布后,为了获得国际社会、特别是美国的认同,加拿大的法律专家从专业方面、外交人员通过外交渠道做出了有效的努力,这是作为中等强国的加拿大在发挥基于国际法知识的"知识性领导力"和基于外交能力的"开拓性领导力"。

在《联合国海洋法公约》234 条款被确立后,以法兰德(Donat Pharand)为代表的加拿大法律专业人士经过不懈的研究,找到了加拿大宣布"直线基线"原则的法律依据。法兰德是当时加拿大顶尖的国际法专家,1978 年曾在加拿大外交部工作一年,向外交部提交的研究报告虽然尚未解密,但毫无疑问的是,其研究成果对加拿大政府在北极水域问题上的政策产生了至关重要的影响。

根据法兰德的研究①，虽然加拿大对于北极水域是"历史性"水域的论证还比较薄弱，但加拿大完全可以宣布"直线基线"原则，并能够从国际法层面做出有力的辩护。这一时期，石油、矿产等相关行业对开发北极地区的热情空前高涨、将巨额资金投入到各种开发项目中。② 面对可能到来的北极水域的大量的交通往来和密集的经济活动（虽然事实上后来并未发生），加拿大认为亟待提高对北极水域的管理，因此将宣告"直线基线"原则以实现在北极水域的完全主权提上日程。③ 至于何时宣布只是时机问题。

1985年8月，美国"极地海"号（Polar Sea）破冰船穿越西北航道。这次穿行引起的加拿大国内关于北极水域主权的舆论危机为加拿大政府提供了难得的机遇。美国海岸警卫队的破冰船"极地海"号这次穿越西北航道完全是出于实际运行原因：④ 因为负责向美国位于格陵兰岛的图勒（Thule）基地提供供给的破冰船"北风"号遇到故障，美国海岸警卫队决定让"极地海"号代为完成任务。"极地海"号如果按照常规航线通过巴拿马运河到达大西洋，则无法在完成阿拉斯加的任务后按期赶到图勒基地。对于当时世界上最强大的破冰船之一"极地海"号来说，取道向西通过西北航道成为既节省时间又节省钱的途径。1985年5月，美国海岸警卫队与美国国务院和加拿大海岸警卫队讨论了这一计划，并

---

① Donat Pharand, "The Northwest Passage in International Law," *Canadian Yearbook of International Law*, XVII (1979), pp. 99 - 133. David Vanderswaag & Donat Pharand, "Inuit and Ice: Implications for Canadian Arctic Waters," *Canadian Yearbook of International Law*, XXI (1983), pp. 53 - 84.

② Shelagh Grant, *Polar Imperative* (Toronto: Douglas and McIntyre, 2010).

③ Rob Huebert, *Steel, Ice, and Decision-Making: The Voyage of the Polar Sea and Its Aftermath—the Making of Canadian Northern Foreign Policy* (PHD thesis of Dalhousie University, Halifax, 1994).

④ 关于"极地海"号航行的史实整理自 Ken S. Coates et al., *Arctic Front: Defending Canada in the Far North* (Toronto: Thomas Allen Publishers, 2010), pp. 113 - 114。

第二章 冷战期间加拿大的北极政策（1945—1993）

解释这次通行完全是实际运行的需要。美国理解此行有可能触动加拿大关于主权的敏感情绪，甚至邀请加拿大以共同开展科学研究为目的参与进来。最终，三名加拿大观察员参与了"极地海"号的航行，而且"极地海"号还受到加拿大海岸警卫队"麦克唐纳"号（John A. Macdonald）的护航。

令各方都始料不及的是，这次航行是完全出于实际操作目的、在美加相关部门友好协商之下进行的，却由于美国拒绝为"极地海"号的通行向加拿大政府提出正式许可申请，而酝酿出了一场舆论危机。加拿大北极问题专家、多伦多大学教授格里菲斯在《环球邮报》（Globe and Mail）上发表文章认为，计划中"极地海"号的航行是对加拿大在北极水域主权的有意挑战。[1] 就如当年"曼哈顿"号事件当中在野的保守党对待执政的自由党的态度一样，"极地海"号事件当中以克雷蒂安为代表的自由党官员也在媒体抨击马尔罗尼政府因为顾忌与美国的关系而不顾加拿大主权。[2] 法兰德和格里菲斯在渥太华大学的会议上说，马尔罗尼政府对于加拿大北极水域主权"不用则废"（use it or lose it）。[3]

迫于舆论压力且加拿大政府已经对宣布"直线基线"原则有充分的准备，时任加拿大外交部长克拉克（Joe Clark）于1985年9月10日宣布从1986年1月起在北极区域采取"直线基线"原则，意思是在加拿大群岛最外部的边缘划线，将其内部的水域都划为"历史上的内水区域"，并宣布对划线区域以内行使完全的主权和司法权。加拿大还宣布根据新的划界线来划定加拿大的领海、污

---

[1] Franklyn Griffiths, "Arctic Authority at Stake," *Globe and Mail*, June 13, 1985.
[2] Elaine Carey, "Trip by U. S. Ship Called Threat to Arctic Sovereignty," *Toronto Star*, July 23, 1985.
[3] "Use It or Lose It," *Globe and Mail*, July 30, 1985.

染区域、专属经济区、大陆架等。这显示了加拿大"从特鲁多时期对生态问题的敏感性和功能性的立法转向对西北航道作为'历史上的内水'的完全主权主张"①。与此同时,马尔罗尼政府取消了1970年的保留条款,这意味着《北极水域污染预防法案》可以在国际法庭受到挑战。这是因为《联合国海洋法公约》234条款成为加拿大在北极水域主权的强有力的法律依据,加拿大不再担心别国对其在北极水域主权的质疑。在宣布完全主权的基础上,为了对预期中即将到来的北极水域的各种经济活动加强管理,加拿大政府宣布《加拿大法律海外适用法》(Canadian Laws Offshore Application Act),称专属经济区和大陆架内的所有海外资源开发活动适用加拿大法律。②

当"直线基线"原则受到其他国家的抗议时,加拿大通过法律和外交两个渠道的努力进行化解。在法律方面,法兰德等专家找到了对加拿大有利的先例为"直线基线"进行辩护③:因为加拿大不是1958年《日内瓦海洋法公约》的缔约国,所以可以在领海基线划定方面不遵守其相关原则,转而参照1951年国际法庭对英国和挪威渔业案(Fisheries Case)对于领海基线的裁定;在西北航道是否是国际海峡的问题上,以国际法庭1949年对"科孚海峡案"(Corfu Channel Case)的裁定为依据。除了法律上的辩护以外,加拿大的国际法专家还强调,加拿大政府不断在北极水域的破冰、导航等各项服务和加强交通管理,可以增强加拿大在北极

---

① Ken S. Coates et al., *Arctic Front: Defending Canada in the Far North* (Toronto: Thomas Allen Publishers, 2010), pp. 116–117.

② 整理自Theodore L. Eliot Jr., "Information Memorandum for Mr. Kissinger",转引自Ken S. Coates et al., *Arctic Front: Defending Canada in the Far North* (Toronto: Thomas Allen Publishers, 2010), p. 117。

③ Donat Pharand, *Canada's Arctic Waters in International Law* (Cambridge: Cambridge University Press, 1988).

第二章 冷战期间加拿大的北极政策（1945—1993）

水域的现实性主权的说服力。①

在外交方面，加拿大总理马尔罗尼对美国里根总统的影响帮助加拿大赢得了美国对加拿大在北极水域主权的妥协。加拿大总理与美国总统之间往往关系紧张，可是马尔罗尼却与里根有着非同寻常的良好关系，马尔罗尼上任之初甚至说道，与美国的"良好关系、超级关系"是加拿大外交政策的基石。加美两国举行的关于加拿大在北极水域的主权的双边谈判几度陷入僵局，是马尔罗尼向里根的直接游说、里根对马尔罗尼处境的同情推动美国谈判代表对加拿大做出妥协。②

双边谈判归结到一个核心问题，即美国船只通过加属北极水域时是否需要征得加拿大政府正式的批准。最终，《联合国海洋法公约》第245条款成为双方达成妥协的依据。该条款规定，当一国船只在开展科学考察需要通过某个海峡时，需要征得沿岸国的同意。据此，美国破冰船在通过加属的北极水域时可以强调其科学考察的目的，并以此为前提向加拿大政府提出通过该区域的申请。在事先征得加拿大政府的同意之后再通过相关水域。而加拿大则强调，包括美国在内的所有外国船只在通过加属的北极水域时都需要征得加拿大政府的同意，以此彰显加拿大在北极水域的主权。这成为1988年1月加拿大外交部长克拉克和美国国务卿舒尔茨（George Shultz）共同宣布的加美两国关于北极水域协议的核心内容，由此达成了美国对加拿大在北极水域的主权的妥协立场。由于美国是对加拿大北极水域主权最有力的反对者，而其对加拿大在北极水域主权的默许基本上确保了加拿大在北极水域的主权不

---

① Franklyn Griffiths, "Pathetic Fallacy: That Canada's Arctic Sovereignty is on Thinning Ice," *Canadian foreign Policy*, XI (2004), pp. 1–16.

② 此部分史料参照 Christopher Kirkey, "Smoothing Troubled Waters: The 1988 Canada-United States Arctic Co-operation Agreement," *International Journal*, L (Spring 1995), pp. 401–426.

会受到严重挑战。

　　对此,马尔罗尼评价说:"虽然我们和美国并没有改变各自的法律立场,但我们达成了一个非常有实际意义的协定。这个协定与加拿大在北极的主权要求相一致。"里根也表示,此协定是"一个基于我们双边特殊关系、在北极问题上合作的共同利益、和这个区域的本质特点而达成的具有实际意义的解决办法。这个协定对我们各自的法律立场不偏不倚,也不为其他领域设定先例"①。1988 年协定打破了美加之间关于西北航道的法律问题的僵局,虽然"随着这个区域军事、经济和环境压力的增加,1988 年协定仅仅代表西北航道争端的暂停而非结束,持续的有创造性的外交和共同努力对于避免未来的问题仍然是必要的……"② 这种"有创造性的外交"就是作为中等强国的加拿大获得美国对其北极水域主权的阶段性妥协的关键。

　　总起来说,在这一时期,随着北极地区经济活动的增加,加拿大政府在国内民众两次舆论危机的迫使下("曼哈顿"号危机和"极地海"号危机),逐步实现了加拿大对北极水域的主权主张。"曼哈顿"号危机导致特鲁多政府通过了《北极水域污染防治法》这一国内立法,创造性地提出加拿大在北极水域污染防治方面的功能性主权,之后加拿大在北极水域的功能性主权在《联合国海洋法公约》234 条款得到了认可。其中,《北极水域污染防治法》是加拿大在北极水域主权问题的突破点,其功能性主权的思路的提出就是"功能主义"的典型运用;而争取《联合国海洋法公约》

---

① Quoted in Larson, "United States Interests", 转引自 Theodore L. Eliot Jr., "Information Memorandum for Mr. Kissinger", 转引自 Ken S. Coates et al., *Arctic Front*: *Defending Canada in the Far North* (Toronto: Thomas Allen Publishers, 2010), p. 122.

② Philip Briggs, "*Polar Sea* Voyage and the Northwest Passage Dispute", 转引自 Ken S. Coates et al., *Arctic Front*: *Defending Canada in the Far North* (Toronto: Thomas Allen Publishers, 2010), p. 126.

234 条款认可加拿大在北极水域的功能性主权的过程则是加拿大综合发挥"知识性领导力"（国际法专业人士的多方游说）和"开拓性领导力"（外交人员的持续周旋）的过程。"极地海"号危机的爆发促使马尔罗尼政府宣布"直线基线"原则也就是加拿大在北极水域的完全主权。为了使加拿大在北极水域的主权不受到挑战，加拿大的国际法专业人士为此找到了有力的辩论依据；在马尔罗尼总理的领导下，加拿大外交努力促成了加美两国就北极水域的主权问题的妥协性协议，从而避免了美国对加拿大在北极水域主权的挑战。由此，加拿大在北极水域的主权达到了一定时期的稳定状态。

在马尔罗尼政府执政后期，已经显露出种种冷战即将结束的迹象。加拿大学界、政界的积极分子、原住民等也都憧憬着北极地区区域治理的前景。1989 年 11 月，马尔罗尼在访问列宁格勒期间，甚至向戈尔巴乔夫试探性地提出了成立北极理事会的构想。然而，真正意义上的区域治理只有在冷战结束、霸权衰落、中等强国成为区域强国的条件下才能够实现。在马尔罗尼执政后期直至 1993 年克雷蒂安上台之前，北极地区的确发生了行程区域治理的前奏（如芬兰主导的"北极环保战略"），由于这段历史与之后发生的北极理事会的成立紧密相连，所以放在"'行为路径'外交案例：北极理事会的成立"一章来叙述。

小　结

从前文所阐述的"中等强国"的概念的产生过程可以看出，追求外交的独立性和在国际关系体系中高于小国的地位是加拿大在二战后将自己定位成为"中等强国"的目标。本章所述的两个阶段的北极政策就体现了加拿大在北极问题上独立性的提高。

在1945年到1968年间，加拿大的北极政策体现出对美国服从和依赖的特点。对于美国要求在加拿大境内建造气象站和"远程预警线"等军事设施的要求，虽然加拿大政府内部也经过激烈辩论，但是对国际社会呈现出来的是对美国部署的一贯的支持和执行。加拿大从中获得的固定资产和经济收益以及美国承认加拿大在北极岛屿的主权身份的待遇等，都是在暗地里对美谈判中获得的。除了公之于众的这些与美达成的共识外，加拿大的迪芬贝克政府和皮尔逊政府在北极主权问题上也与美国进行过多次私下的接触和谈判，虽然没有达成共识，但加拿大也不会公开挑战美国的立场。

在这段时期，加拿大在北极问题上对美国实行以服从和依赖主要是出于自愿，也有部分不得已的原因。在冷战初期，北极地区是美苏之争的前沿阵地之一。加拿大也认为苏联是自己和美国共同的敌人，应该以一切办法对抗苏联，而加拿大的军事力量极其薄弱，所以愿意接受美国的领导。美国通过这些军事设施建设带给加拿大的物质利益以及军事合作过程中美国对加拿大的经济援助更加坚定了加拿大追随美国的决心。当然，加拿大政府内部也有意见认为美国的军事部署无视加拿大主权，然而美国的强力要求实际上无法拒绝。

1968年到1993年间，尤其是在1968年到1984年特鲁多执政时期，加拿大在北极政策上选择自己有资源、有声望的领域来进行政策创新，这体现了加拿大北极政策的独立自主性的提高。特鲁多时期的北极政策以环境保护作为加拿大树立在北极水域的主权的突破口，从《北极水域污染防治法》以国内法的形式宣称加拿大在北极水域的环境保护方面的功能性主权到《联合国海洋法公约》第234条款从国际法的角度对北极海域沿岸国家在环境保护方面的特殊责任的"北极例外"原则的承认，加拿大通过行使北极水域的环境保护方面的责任而确立其在北极水域的功能性主权。加拿大在北极水域的环保方面的功能性主权的确立改变了加拿大在北极水域主权问题上的法律基础，这成为马尔罗尼时期得以宣布加拿大在北极水域的完全主权的法律依据。

  这段时期，加拿大得以在北极水域主权问题上发挥能动性和自主性，得益于当时的国际环境，也与特鲁多政府的独立精神密切相关。这段时期的国际形势的发展和北极地区的军事安全地位的变化也为加拿大在北极地区争取比较独立自主的外交提供了空间。在这一时期，冷战出现缓和迹象，并且由于美苏之争进入导弹时代，北极地区不再是前沿阵地，所以美国对北极地区的控制力度有所降低。特鲁多政府具有想要摆脱对美国的依赖的强烈独立精神，他的外交政策从整体上遵循外交部长米歇尔·夏普所公开宣称的"第三种选择"（Third Option）[①]，即"制定长期战略发展加拿大经济以及国计民生的其他方面以减少加拿大的脆弱性"。然而，在全球水域自由通行是美国维护其全球军事安全霸权的原则，这一原则在冷战期间由于对抗苏联和使用核潜艇的需要而显得格外重要。为了避免与美国这一安全原则相冲突，特鲁多选择先在北极水域部分地实现旨在环境保护的功能性主权，并且以支持美国在全球的自由航行为交换条件，获得美国允许将"北极例外"原则写入《联合国海洋法公约》。马尔罗尼总理与里根私交甚密，在外交政策上基本保持与美国攻守同盟的关系，然而在北极的主权问题上却坚决争取，宣布了对北极水域的完全主权并且争取到了美国的默许。

[①] 特鲁多政府所摒弃的对美关系的另两种选择：一是不积极谋求改变现状，侧重于具体问题的协商解决；二是刻意朝着与美国更加融合的方向发展。Mitchell Sharp, "Canada-US Relations: Options for the Future," *International Perspectives* (Autumn 1972).

第三章
冷战后加拿大的北极政策（1993—2015）

冷战结束后，国际关系发生结构性变化，美国在争夺世界霸权的竞争中获胜，国际关系格局呈现"一超多强"。在这一时期，传统安全的重要性下降、非传统安全的重要性上升。在1993年到2015年期间，加拿大在基本确立了北极地区的岛屿和水域主权的基础上，建立并巩固了以北极理事会为核心的北极地区的区域治理机制。

这一时期的外交行为可以用"行为路径"理论进行分析。"行为路径"是指采取"斡旋、多边主义、世界好公民"的典型外交行为，即通过组织谈判调节分歧，用多边协议或国际组织来实现对全球性问题的解决方案，以及采取有道德感的有利于整个国际体系的行动。这往往是通过发挥在某一专门领域的专业知识的"知识性领导力"和旨在设立议程、建立联盟、推动议程的"开拓性领导力"来实现的，而且这两种领导力的力度和影响力比冷战结束前大大增强。在这一时期，加拿大的非政府组织和政府所共同倡导的北极地区和平、原住民福祉、环境保护、可持续发展等观念显然属于超越了加拿大本国的狭隘利益的"世界好公民"议程。由于北极地区的环境、经济和社会问题都跨越国界，加拿大在推动这些议程的过程中必须开展多边外交、与北极地区的不同国家以及不同的原住民组织和其他非政府组织广泛磋商积极斡旋方能达成共识。北极理事会就是代表加拿大诉求的区域治理组织。加拿大推动区域治理议程过程中的一条主线就是建立北极理事会并巩固其在北极区域治理中的地位。

这一时期，加拿大的北极政策体现出很高的独立自主性。北极理事会的议程是加拿大内生的议程，建立北极理事会是加拿大独立于美国意志以及美国等强国所领导的联合国体系之外的议程。虽然这一过程中不乏对美国的妥协，但整体来说，在推动成立以及壮大北极理事会的影响力的过程中，加拿大基本坚持了自己的议程。

加拿大北极政策的独立自主性与当时的国际环境密切相关。北极理事会的建立是随着冷战结束、新的世界国际关系格局的形成而同时产生的。一方面，作为唯一超级大国的美国除了在军事安全方面保持控制以外，在其他非传统安全领域的控制放松了，这为加拿大在非传统安全领域实施自己的议程提供了空间；另一方面，随着冷战的结束，"硬实力"在国际政治中的重要性下降、"软实力"的重要性上升，加拿大通过其提议的影响力和外交能力来推动某项具体议程的做法更容易被各国接受。

第一节　北极理事会成立初期的区域治理（1996—2006）[①]

1996年9月，北极理事会成立时，原住民组织成为了理事会

[①] 1996年之前北极理事会的成立过程在"'行为路径'外交案例：北极理事会的成立"一章详细论述。

的"永久参与方"(Permanent Participant,简称 PP),可以出席理事会所有的会议,参与讨论并发表意见等,这体现了对原住民权利的认可。然而在北极理事会成立时,很多诸如气候变化与环境保护、可持续发展等具体问题尚没有成为各方的共识,这些"世界好公民"的议程还需要加拿大通过多边外交、多边斡旋来逐步实现。在北极理事会的领导下,在原住民问题以及北极地区环境和发展问题领域所产出的各种调查报告成为"知识性领导力"的载体,各方广泛磋商形成的合力是"开拓性领导力"的表现。

本节着重讲述的就是从1996年北极理事会成立后,在加拿大的推动下逐步提高对原住民权益的保护、逐步稳固自身在北极治理中的地位的过程。这一过程大致分为三个阶段:1996年至1998年加拿大担任首任北极理事会主席国期间、1998年至2000年美国担任北极理事会主席国期间、2000年以后尤其是2001年乔治·布什出任美国总统后直至2006年加拿大总理哈珀上台前的时期。

1996年至1998年,加拿大出任北极理事会首任主席国。这一时期,加拿大对于北极区域治理最为积极,而且是主导性的。相比之下,俄罗斯因为国内政治一片混乱而只能勉强保证参加北极理事会相关会议,但对相关议程无暇深度参与。在美国,虽然克林顿总统本人在促成北极理事会的成立阶段发挥了关键作用,但国内其他政治力量和官僚机构却阻碍着美国积极参与北极理事会的相关工作。[1]

加美两国在酝酿成立北极理事会期间的重大分歧持续地表现出来,集中体现在对"可持续发展"的不同立场。加拿大提倡的"可持续发展"更多的是从原住民的福祉出发,强调通过对北极地区的合理开发以使原住民的长远利益得到保障。而美国在当时对

---

[1] Oran Young, *Creating Regimes: Arctic Accords and International Governance* (Ithaca and London: Cornell University Press, 1998).

原住民的状况并不关切，克林顿政府所支持的"可持续发展"是一种旨在进行生态和资源保护的全球运动。两国的分歧在对非政府组织"国际捕鲸委员会"（International Whaling Commission）的态度上爆发出来。美国处于保护全球鲸群考虑，支持该委员会限制北极地区捕杀鲸鱼的行动。而由于鲸鱼是原住民传统食物，加拿大从维护原住民传统生活方式出发，坚决抵制"国际捕鲸委员会"，加拿大原住民领导人对该委员会的抵制反映为北极理事会对该委员会的抵制。加美两国的另一分歧体现在对于北极理事会的定位问题上。加拿大在北极理事会的代表希望北极理事会发展成为跨国界的、处理北极地区原住民所共同面对的环境、经济、社会问题的实权机构。然而，美国只希望北极理事会是论坛性质的，最好不要让美国承担任何义务或施加任何限制。

在这样的背景下，加拿大领导着新生的北极理事会与各国和各参与方不断磨合，完成了初期的大量繁杂的建章立制的工作，并取得了若干可圈可点的成就。因纽特极地理事会（Inuit Circumpolar Council，简称ICC）利用加拿大政府的资助项目，成功地资助了俄罗斯的因纽特村庄。在加拿大的帮助下，代表俄罗斯原住民的"阿留申国际组织"（Aleut International Association）得以成为北极理事会第四个永久参与方。"北极监督和评估计划"（Arctic Monitoring and Assessment Program）对于北极地区的污染物调查也获得了广泛认可。在加拿大作为北极理事会的主席国两年任期接近尾声的时候，北极理事会最重要的创始人玛丽·西蒙说："我的一部分感觉说我们在两年内已经取得了不少成就，我的另一部分说我们应该能做得多得多。"[1]

1998年至2000年，美国出任北极理事会主席国。由于当时

---

[1] Jane George, "Mary Simon: the Arctic Council is Taking the Time to Get it Right," *Nunatsiaq News*, September 17, 1998.

的克林顿总统和戈尔副总统对于气候变化和环境保护都极其热衷，加上美国在环保非政府组织和科研实力上的领先，美国对于北极理事会内与环保相关的项目给予了大力的财力投入和资源支持。虽然美国纯粹以科学为重心的工作方式与加拿大的更宽泛的北极治理的目标不同，但环保项目与加拿大强调北极地区原住民福祉的目标并不矛盾。基于对持久性有机污染物的研究，于2000年10月在阿拉斯加北部巴罗市（Barrow）召开的第二届北极理事会部长级会议上，北极各国达成协议，尽早完成并签署相关的国际公约。这就是后来于2001年5月签署的《保护人类健康与环境免受持久性有机污染物危害的斯德哥尔摩国际公约》（Stockholm Convention on Protecting Human Health and Environment from Persistent Organic Pollutants）。巴罗部长级会议批准北极理事会的"北极监督和评估计划"与"北极动植物保育"（Conservation of Arctic Flora and Fauna）两个工作组联合进行的"北极气候影响评估"（Arctic Climate Impact Assessment，简称ACIA）项目。在美国的推动下，两个与阿拉斯加相关的原住民组织"北极阿萨巴斯卡理事会"（Arctic Athabaskan Council）和"哥威讯国际理事会"（Gwich'in Council International）成为了北极理事会第五、第六个永久参与方。

2001年乔治·布什出任美国总统后，其对气候变化和环境保护的抵触态度对北极理事会的相关工作进展起到了很大的阻碍作用。而在此期间，得以拯救北极理事会环保事业的是加拿大的原住民领袖、时任因纽特极地理事会（Inuit Circumpolar Council，简称ICC）主席瓦特克劳迪尔（Sheila Watt-Cloutier）。她对于北极地区环保问题的深度了解，以及为北极环保事业奔走呼号的勇气与能力使她成为"知识性领导力"和"开拓性领导力"的代表，并因此获得诺贝尔奖提名。

第三章 冷战后加拿大的北极政策（1993—2015）

2001年，"北极气候影响评估"所发布报告，以确凿的科学证据指出北极地区气候急速变暖的事实及其对全球的广泛影响。该项目的"政策起草团队"（Policy Drafting Team）根据"北极气候影响评估"报告的研究成果所提出的政策建议受到了美国政策制定者的强烈抨击，说"北极气候影响评估"的"政策起草团队"的工作逻辑有根本错误，科学家需要在政府有可能考虑的前提下提出参考意见而不是先行考虑应该如何制定政策。[1] 布什政府不仅对环境变化持怀疑态度，对环保政策持反对态度，也对原住民群体充满了负面意见。

也许因为时任北极理事会主席国冰岛是北极各国中唯一一个没有原住民人口的国家，其主席波尔松（Palson）由于对美国的顾忌，终止了政策起草团队的工作。

而瓦特克劳迪尔对美国反对环保政策的种种做法进行了猛烈抨击。2004年9月，瓦特克劳迪尔受支持环保事业的参议员约翰·麦凯恩（John McCain）之邀来到美国参议院进行演讲。瓦特克劳迪尔说，气候变化可能使得北极原住民几千年来的生活方式和文化濒临灭亡，并对全球其他地区也可能带来灾难性后果。美国是最大的温室气体排放国，希望麦凯恩参议员所领导的委员会能够将这个信息传播出去，不仅让美国的政客听到，也让希望美国做正确事情的民众听到。[2] 2004年10月30日，《纽约时报》大幅刊登"北极气候影响评估"报告的调研结果，并且指责布什政

---

[1] 《美国政策文件声明》（U. S. Statement on Policy Document），2003年10月。转引自John English, *Ice and Water: Politics, Peoples, and the Arctic Council* (Toronto: Allen Lane, 2013), pp. 276-277。

[2] "Inuit Circumpolar Conference Provides Testimony on Impacts of Climate Change to the U. S. Senate Committee", March 3, 2004, retrieved on March 3, 2016 from http://www.inuitcircumpolar.com/inuit-circumpolar-conference-provides-testimony-on-impacts-of-climate-change-to-us-senate-committee—march-3-2004.html.

府因为竞选的政治原因而封锁消息。[1] 从这以后，以"北极气候影响评估"为代表的北极理事会及其所倡导的环保议程真正得到了媒体的关注。

2004年11月，第四届北极理事会部长级会议在冰岛首都雷克雅未克召开。"2004年雷克雅未克部长级会议是北极地区原住民塑造这一21世纪主要的多边治理论坛（意指北极理事会——笔者注）的高点。"[2] "北极气候影响评估"报告对于气候变化及其对当地原住民影响的研究受到了一致认可。会议还发布了《北极人群发展报告》，报告由奥兰·杨等参与撰写，从人口学、社会与文化、经济、政治、法律、资源、社区、健康、教育、性别、国际关系与地缘政治等各个方面全面反映北极地区人们的生存状态。该报告在2015年又推出了新版。[3]

虽然在北极理事会成立初期，理事会内部仍然存在着目标不明、任务重叠、管理运行模式不清晰等种种问题[4]，但是在参与北极理事会的各个国家和组织的共同努力下，到了21世纪初的时候，"捍卫北极地区原住民福祉""维护北极地区环境保护和可持续发展"这些北极理事会所倡导的理念已经被广泛接受。而当加拿大按照自己的价值观来设定议程并最终成功地争取到各方支持，建立起以自己的价值观为核心的区域治理文化和区域治理机构时，

---

[1] Andrew C. Revkin, "Big Arctic Perils Seen in Warming," *New York Times* (October 30, 2004).

[2] John English, *Ice and Water: Politics, Peoples, and the Arctic Council* (Toronto: Allen Lane, 2013), p. 282.

[3] Joan Nymand Larsen & Gail Fondahl eds. "Arctic Human Development Report: Regional Processes and Global Linkages," Nordic Council of Ministers, (2015), retrieved on March 3, 2016 from http://norden.diva-portal.org/smash/record.jsf?pid=diva2%3A788965&dswid=8391.

[4] Arctic Council, "The Review of The Arctic Council Structures," (October 2001), retrieved on March 1, 2016, from https://oaarchive.arctic-council.org/bitstream/handle/11374/489/ACSAO-FI02_10_review_Structure.pdf?sequence=1&isAllowed=y, https://oaarchive.arctic-council.org/bitstream/handle/11374/515/ACSAO-FI03_8_Structure_review.pdf?sequence=1&isAllowed=y.

加拿大在北极地区终于有了稳固的地位。当加拿大按照自己内生的议程来进行外交实践时，其行为促成了北极区域文化的形成，北极区域文化又建构了加拿大的身份。

第二节　北极理事会确立在北极治理中的核心地位（2006—2015）[①]

哈珀被认为是加拿大历史上在北极地区资金投入力度最大的总理。他早在竞选期间就明确表示："你不能用旗帜、廉价的竞选辞令或者广告活动来捍卫国家主权。你需要陆地上的军事力量、海上的军舰和合适的监控。这将是保守党的路径。"[②] 2007年2月23日，成功当选总理的哈珀又说："坦率地说，我希望多年以后，加拿大的北极主权——军事的以及其他方面的，会成为本届政府的主要遗产。"[③] 然而，他的北极政策经济了一次重要转折。当"原住民福祉""气候变化""环境保护"等正在成为北极各国的共有观念的时候，北极冰川的快速融化带来的北极航道通行以及北极资源开采的前景使得冷战期间强调国家利益、传统安全的观念有所复苏，北极各国在"安全困境"（security dilemma）下都出现了强调军事安全的倾向。哈珀政府在2006年至2009年间的北极政策也趋于以军事手段为中心，2009年以后才转向以北极理事会领导下的区域治理为核心的轨道上来。

哈珀政府的北极政策从军事安全到区域治理的转向则恰恰符

[①] 此节部分内容已发表，张笑一：《加拿大哈珀政府北极安全政策评析》，载《现代国际关系》2016年第7期，第22—28页。
[②] Stephen Harper, Speech, Winnipeg, December 22, 2005.
[③] Kathleen Harris, "Laying Claim to Canada's Internal Waters," *Toronto Sun*, February 23, 2007.

合建构主义对于国际规范的观察。建构主义认为多边主义所建立起来的"国际组织、国际规范也是一种社会建构……它的一个重要特征就是创造出行为模式。国际规范不但能够因果性地影响国家的外在行为,而且同样'构成性'地影响着国家的认同","如果这种互信和集体认同能够形成,就会在各国之间造就一种浓厚的共同体感,产生出不以战争手段解决彼此争端的共识,从而彻底摆脱'安全困境'"。[1] 哈珀在北极地区军事化的政策是面临北极地区军事化的一种"安全困境"的反应。哈珀之所以会重新转向以区域治理为核心的北极政策,是因为以北极理事会为代表的北极区域治理文化已经形成,认同这个文化的北极各国虽然一度出于捍卫本国在北极地区的利益而采取了防备性的军事安全措施,但是这种对于区域治理文化的认同最终防止了"安全困境"的进一步恶化。所以,哈珀政府以军事安全为重心的北极政策是暂时的,而在哈珀政府在任的后六年时间里,都是多边外交的积极践行者,并且在北极区域治理方面成绩斐然。

一、哈珀政府以军事安全为重心的北极政策(2006—2009)

随着气候变暖,西北航道通航的可能性大大增加。西北航道将大大缩短亚洲到欧洲和美国位于大西洋沿岸各港口的时间,它比通过巴拿马运河的行程短8000千米,而且巴拿马运河目前只能允许7万吨的船只通过,而西北航道至少可以承载12万吨的船只。[2] 除此以外,北极地区可能蕴藏着900亿桶石油、几千万亿立

---

[1] Peter J. Katzenstein, *The Culture of National Security: Norms and Identity in World Politics* (New York: Columbia University Press, 1996), pp. 33 – 75. 转引自倪峰:《对多边主义理论构成的一些探索》,载《国际论坛》2004年11月第6卷第6期,第13—14页。

[2] Rob Huebert, "Climate Change and Canadian Sovereignty in the Northwest Passage," *Isuma*, II (Winter 2001 – 2002).

方英尺天然气、铁矿石和钻石等矿藏，还具备发展渔业和旅游业的巨大潜能。① 对北极地区的潜在利益的争夺使得北极各国重新强调传统安全、强调军事实力的观念，环北极地区出现"军事化"的局面。②

2007年至2015年"俄罗斯武器装备计划"强调重建其北方海军实力。现有资料表明，俄罗斯已经建成一艘新型核导弹潜艇，还有两艘正在建设中。俄罗斯也与法国政府达成协议，拟购买至少四艘两栖攻击舰（协议终因乌克兰危机未能执行）。俄罗斯还恢复了北极驻军，2007年8月，俄罗斯重新启动远程轰炸机巡逻，同年恢复了海军水面作战部队的北部巡逻。2009年，一批潜艇（包括快速攻击核潜艇和核导弹潜艇）航行到北极附近海域，并试发多颗弹道导弹。

美国从未完全中断其北极地区的军事活动，不断在北极地区部署核动力潜艇，尽管相对于冷战时期有所减少。美方的两个反弹道导弹拦截导弹基地之一就部署在阿拉斯加，该基地同时部署了三个战斗机联队（每个联队有22架战斗机）。2009年，美国在北极至少部署了三艘潜艇，其中包括首次使用的一艘最新型弗吉尼亚快速攻击核潜艇。2009年1月，美国公布了其《国家北极政策》，称北极安全是其第一要务。2009年10月，美国海军发布了名为《海军北极路线图》的战略报告，呼吁美国加强北极地区的军事力量。

除俄美两国以外，北极其他国家也纷纷增加了对北极地区的

---

① Franklyn Griffiths et al., *Canada and the Changing Arctic: Sovereignty, Security, and Stewardship* (Ontario: Wilfrid Laurier University Press, 2011), pp. 146–147.

② 此部分编译自以下内容："Finding 4: Remilitarization of the Arctic", in Rob Huebert et al., "Climate Change & International Security: The Arctic as a Bellwether" (Center for Climate and Energy Solutions, May 2012), p. 28, retrieved on April 4, 2016, from http://www.c2es.org/publications/climate-change-international-arctic-security.

军事投入。自20世纪90年代一直到21世纪，挪威建造了五艘护卫舰，配备了美国"宙斯盾"作战系统，系统中部署了雷达制导武器装备来跟踪摧毁敌方目标。挪威还建设了一批强大的导弹巡逻艇。2008年11月，挪威空军宣布计划购买48架F-35联合攻击战斗机。近期，挪威宣布将重新装备其现有陆军部队之一，打造成北极部队。瑞典和芬兰不是北约成员国，但参与了其"和平伙伴关系计划"，并于2009年6月参与了代号为"忠诚之箭"的北约军事演习。瑞典还建成了一批新型快速导弹巡逻艇。芬兰目前也正在购买新型战斗机，并强化了国家防空系统。20世纪80年代起，丹麦开始更新大部分水面舰艇，逐渐实现海军现代化。20世纪90年代初期，丹麦建了四艘护卫舰、三艘规模较小的护卫舰正在建造中。2008年和2009年间，丹麦另两艘具备破冰能力的巡逻舰也投入服役。

加拿大哈珀政府在2006年上任之初，尤其是头三年的时间里，认为"在北极主权问题上的第一原则是不用则废"[1]，"加拿大军队要有实力控制并且保卫加拿大的北极领土"[2]，"维护加拿大主权的实力是我们政府努力重建加拿大军队的核心"[3]。因此，哈珀在北极地区进行大量军费投入，出台了军事装备、基础设施、军队后备力量等各个方面的军事安全措施。可以说，在这一时期，哈珀政府的北极政策有单边主义色彩，对北极理事会以及北极地区的区域治理是比较忽略的。

---

① Ryan Dean et al., "Canadian Arctic Defense Policy: A Synthesis of Key Documents, 1970 – 2013," *Documents on Canadian Arctic Sovereignty and Security* (2014), retrieved on April 4, 2016, from https://www.sju.ca/CFPF/Publications.

② Department of National Defence, "Canada First Defence Strategy," retrieved on April 3, 2016, from http://www.forces.gc.ca/en/about/canada-first-defence-strategy.page.

③ Parliament of Canada, "Speech from the Throne to Open the Second Session of the 39th Parliament of Canada," retrieved on April 3, 2016, from http://www.parl.gc.ca/HousePublications/Publication.aspx?Doc=1&Mode=1&Parl=39&Pub=Hansard&Ses=2&Language=E.

第三章 冷战后加拿大的北极政策（1993—2015）

在军事装备方面，哈珀政府宣布斥资 30 亿加元建成六艘至八艘北极近海巡逻舰，另外再投入 43 亿加元用于船艇建成后 25 年以上的运行费用。该巡逻舰能够于通航季节在首年冰区域（当年结冰当年融化的冰层）持续运转，巡逻整个西北航道；同时能够在加拿大北部、西部、东部海岸的专属经济区内进行全年巡逻。哈珀还宣布投资 7.2 亿加元建造加拿大海岸警卫舰队有史以来规模最大、实力最强的破冰船。① 该船以已故总理约翰·乔治·迪芬贝克的名字（John G. Diefenbaker）命名，用于替代已服役 40 年的破冰船"圣劳伦特"（St. Laurent）号。为了发展加拿大在北极地区的监视能力，"极地厄普西隆"卫星监视计划和国防天基广域监视和支持项目通过 2 号雷达卫星（RADARSAT II）提升加拿大军队监测加拿大及其海洋边界的能力。② 加拿大军方同时通过有人驾驶的飞机和无人机增加其在北极地区的监视能力，通过由陆地和水下传感器构成的"北方监视"（Northern Watch）系统来侦查通过西北航道的船只。③

在基础设施建设方面，哈珀政府投资 1 亿加元在巴芬岛（Baffin Island）北端位于努纳武特（Nunavut）的纳尼斯维克（Nanisivik）镇建造一个深水港。该深水港处于西北航道的战略要地，具有深水停泊和加油设施，使加拿大军队和加拿大海岸护卫队船舶不依靠油轮就得到油料补给，不仅能够大大扩展加拿大海军在北极地区的活动范围，还具备重要的民用功能。另一个项目是在努那

---

① Minister of Indian Affairs and Northern Development, "Canada's Northern Strategy: Our North, Our Heritage, Our Future," retrieved on April 4, 2016, from http://www.northernstrategy.gc.ca/cns/cns-eng.asp.

② Ibid.

③ Rob Huebert et al., "Climate Change & International Security: The Arctic as a Bellwether" (Center for Climate and Energy Solutions, May 2012), p. 28, retrieved on April 4, 2016, from http://www.c2es.org/publications/climate-change-international-arctic-security.

武特的刚毅湾（Resolute Bay）建立军事训练中心，最多可训练100名军事人员，且可进行全年训练，以帮助士兵适应北极恶劣的气候条件。在军队后备力量建设方面，哈珀总理还宣布每年增加1200万加元用于扩大加拿大游骑兵规模，在现有4100名游骑兵的基础上再增加900人，同时促使其现代化发展，将其编入后备军队伍，并参与加拿大北部偏远沿海地区的搜救工作。[①]

最后，为了服务于北极地区的安全防御，联邦政府也建立了各相关部门间的合作机制。加拿大军方通过与联邦政府其他部门和机构的合作开展相关工作，"北极熊计划"（Operation NANOOK）定期监督巡逻确保地区安全，作为"北美防空司令部"的监测的一部分，并维护位于世界上最北端的永久居住地阿勒特的军事基地的信号情报接收设施。加拿大国防研究与发展计划以目前北部观察技术示范项目（Northern Watch Technology Demonstration Project）为基础，继续寻求成本效益更好的北极监测系统方案。[②]

虽然哈珀政府在上任之初的两三年时间里过度重视军事安全忽略了北极地区的区域治理，然而，以北极理事会为核心机构的区域治理文化已经形成，哈珀政府在多方的批评声中回归到这一文化当中。加拿大再次通过其缔造的北极理事会这个平台在北极治理中扮演核心角色。

---

① Rob Huebert et al., "Climate Change & International Security: The Arctic as a Bellwether" (Center for Climate and Energy Solutions, May 2012), p. 28, retrieved on April 4, 2016, from http://www.c2es.org/publications/climate-change-international-arctic-security.

② Minister of Indian Affairs and Northern Development, "Canada's Northern Strategy: Our North, Our Heritage, Our Future," retrieved on April 4, 2016, from http://www.northernstrategy.gc.ca/cns/cns-eng.asp.

二、哈珀政府以区域治理为重心的北极政策（2009—2015）

哈珀政府的北极政策转向区域治理的标志是 2009 年 9 月发布的加拿大北极政策总纲——《北方战略：我们的北方，我们的遗产，我们的未来》（简称《北方战略》），加拿大再次在新世纪北极地区的区域治理中扮演核心角色。《北方战略》将促进社会经济发展、保护环境遗产、发展完善北方管理与行使北极主权并列为加拿大北极战略的四大支柱。其中声称，"合作、外交和国际法一直是加拿大在北极更为青睐的选择。"[1] 在这些指导思想下，加拿大继续为北极地区原住民福祉、环保、经济发展等"世界好公民"的议程而努力，多边外交显然已经成为北极理事会这个多边组织里的常规。

带来哈珀政府政策转向的其中一个原因是，随着时间的推移，哈珀开始认识到拟议中的军事安全措施有些不切实际，相对于加拿大政府的财力来说很难落实。比如，哈珀政府拟将加拿大游骑兵扩大到5000人的计划也被指无法实现。[2] 另外，军队在加拿大北极安全中的作用也被夸大了，实际上军队在面临很多安全问题时所起的都是辅助作用，在遇到恐怖袭击时由加拿大皇家骑警或者加拿大公共安全与应急准备部起主导作用，在导引核动力船只时由加拿大皇家骑警起主导作用，在巡逻时由渔业与海洋部起主导

---

[1] Minister of Indian Affairs and Northern Development, "Canada's Northern Strategy: Our North, Our Heritage, Our Future," retrieved on April 4, 2016, from http://www.northernstrategy.gc.ca/cns/cns-eng.asp.

[2] Franklyn Griffiths et al., *Canada and the Changing Arctic: Sovereignty, Security, and Stewardship* (Ontario: Wilfrid Laurier University Press, 2011), pp. 99–101.

作用。① 另一方面，加拿大国力有限，面对大额军费开支力不从心，尤其是它还身陷阿富汗战争的情况下。以最受瞩目的破冰船项目为例。2008 年 4 月，哈珀政府宣布建造一艘耗资 7.2 亿加元的破冰船，且预计在 2017 年建成。时隔 4 年，2012 年 2 月，哈珀政府才与 STX 加拿大海洋公司签订 950 万加元的设计修建新破冰船的合同。而由于签约的同一造船厂无法同时建造破冰船和海军联合支援舰，哈珀选择了优先建造海军联合支援舰，从而将破冰船建成的日期推迟到了 2021 年。破冰船"圣劳伦特"号于 1969 年投入使用，原本应于 2000 年退役，而因为需要超期服役，哈珀政府计划再投资 5500 万加元用于该舰的第三次重大维修。有国际观察家认为加拿大的破冰船计划遥遥无期了。②

加拿大积极投入北极地区的区域治理的一个更深刻的原因是，区域治理是加拿大在新时期巩固自身在北极地区的主权的最有效途径。经过了对北极领土和领海主权的争取，加拿大的北极主权问题上仍然存在着一些领海、领土争议，如与美国在波弗特海（Beaufort Sea）海域存在分歧，与丹麦在林肯海（Lincoln Sea）的汉斯岛（Hans Island）的归属问题存在争端，尤其是关于西北航道归属问题，加拿大将其视为内水，而美国、欧盟等坚持其为国际通道。但是目前国际法是解决主权问题的主要依据，而和平解决北极地区的主权争端又是大势所趋。比如在尚未划界的北极各国海底大陆架问题上，各国都根据《联合国海洋法公约》的要求，在签署此法案十年内向联合国递交本国的申请报告。加拿

---

① LCol S. W. Moore, "Defending Canadian Arctic Sovereignty: An Examination of Prime Minister Harper's Arctic Initiatives" (Toronto: Canadian Forces College, 2007), pp. 20 – 21.

② Michael Byers, "Why Canada's Search for an Icebreaker is an Arctic Embarrassment," *Globe and Mail*, January 21, 2014, retrieved on May 1, 2016, from http://www.theglobeandmail.com/news/national/the-north/why-canadas-search-for-an-icebreaker-is-an-arctic-embarrassment/article16425755.

大也不例外,在 2013 年递交了其海底大陆架的报告。再者,和平解决北极地区的主权争议已有了成功的先例,那就是俄罗斯和挪威于 2010 年和平解决两国之间在北极地区的领土争端。至于加拿大和丹麦之间的争议性领土汉斯岛——一块足球场大小的不毛之地,曾任加拿大国防部长的葛莱汉姆(Bill Graham)明确指出,汉斯岛并没有重要的领土意义,而且加拿大和丹麦之间保持着非常友好的关系。在一次北约会晤中,丹麦外交人员甚至半开玩笑地对葛莱汉姆说,他下次去汉斯岛宣示加拿大主权时可以顺便带一面丹麦国旗也插上去,这样他们可以少跑一趟了。①

加拿大在北极区域治理中的核心角色通过其北极外交政策声明以及实际的外交行动体现出来。2009 年 9 月,哈珀政府发布《北方战略:我们的北方,我们的遗产,我们的未来》重申了北极理事会在管理北极事务中的中心地位,以及《联合国海洋法公约》作为处理北冰洋相关事务的法律框架。2010 年 8 月,哈珀政府发布《加拿大北极外交政策声明:行使主权及在国外倡导加拿大的北方战略》②,提到了各种极地问题,如应急反应、搜救、有组织犯罪、非法贩毒、非法贩卖人口,以及与社会经济发展相关的工作如北极科研、环保等,表达了加拿大积极努力的态度,并强调了与其他北极国家合作的意愿和重要性。报告说,加拿大"将会与北极理事会中其他北极国家共同合作,与五个北冰洋沿岸国家协商解决北冰洋相关问题,维护北极重要合作伙伴关系尤其是与美国的双边关系"。在实践层面,"加

---

① Bill Graham, "Foreword," *Canada and the Changing Arctic: Sovereignty, Security, and Stewardship*, eds. Franklyn Griffiths et al. (Ontario: Wilfrid Laurier University Press, 2011), p. xx.

② Department of Foreign Affairs and International Trade, "Statement on Canada's Arctic Foreign Policy: Exercising Sovereignty and Promoting Canada's Northern Strategy Abroad," retrieved on April 3, 2016, from http://www.international.gc.ca/arctic-arctique/assets/pdfs/canada_arctic_foreign_policy-eng.pdf.

拿大行使主权体现在日常的有效治理和负责任的管理中"[1]。加拿大北极问题权威专家格里菲斯教授也通过深入分析明确提出，通过提供搜救、导航、破冰、加油等服务并收取服务费的方式，各国会出于自身利益接受加拿大对相应的北极地区的管理，进而逐步认可加拿大在这些地区的实质性控制，这也将为加拿大依照国际法争取北极主权积累有利的证据。[2] 哈珀政府也正是以这种加强管理的方法巩固加拿大在北极区域的主权的。加拿大渔业与海洋部宣布，要求通过加属北极水域的船只对加拿大政府进行报告的"北方报告体系"（Northern Reporting System，简称 NORDREG）自 2010 年 7 月 1 日起由自愿遵守变为强制执行。自 1977 年《北极水域污染防治法》正式执行以来，加拿大由于不具备强制执行的能力，仅仅是鼓励过往船只向加拿大政府通报其在加属北极水域的通行情况并遵守加拿大关于污染防治的规定。哈珀政府于 2009 年修订《北极水域污染防治法》，将执法区域由 100 海里延伸到 200 海里，并宣布强制实施加拿大从 20 世纪 70 年代就开始主张的在北极水域的主权。

在这一时期，北极区域治理当中的一系列标志性成就的取得也都与加拿大密不可分。作为北极理事会搜救合作行动专案组成员国，加拿大积极推动《北极海空搜救合作协定》（Agreement on Cooperation on Aeronautical and Maritime Search and Rescue in the Arctic）的酝酿和签署。2010 年 3 月 29 日，加拿大外长坎农邀请北冰洋五国外长在魁北克省切尔西市召开北冰洋沿岸五

---

[1] Department of Foreign Affairs and International Trade, "Statement on Canada's Arctic Foreign Policy: Exercising Sovereignty and Promoting Canada's Northern Strategy Abroad," retrieved on April 3, 2016, from http://www.international.gc.ca/arctic-arctique/assets/pdfs/canada_arctic_foreign_policy-eng.pdf.

[2] Franklyn Griffiths, "Pathetic Fallacy: That Canada's Arctic Sovereignty is on Thinning Ice," *Canadian foreign Policy*, XI (2004), pp. 1–16.

国部长会议。① 2012 年 4 月，加拿大国防参谋长纳丁泽克上将（Walt Natynczyk）邀请北极八国军方领导人首次齐聚加拿大纽芬兰和拉布拉多省古斯湾（Goose Bay）军事基地，就北极地区安全问题展开讨论。② 纳丁泽克会后发表声明说："北冰洋沿岸国家的军方领导人首次会议的意义非同寻常，……为增进了解、加强沟通、建立合作、共同应对挑战提供了难得的机会。"③《北极海空搜救合作协定》于 2013 年 1 月正式生效，成为北极理事会框架下签署的首份法律文件，通过法律约束使得北极地区的搜救任务得以保障，也促进了加拿大提高自身的搜救能力。因为各国执行相关搜救任务的机构基本上是军事部门，因此该协定的生成对北极地区增强军事互信，开展军事合作也起到了铺垫作用。2013 年 5 月，加拿大成为北极理事会轮值主席国，又推动北极八国签署了北极理事会框架下第二份具有法律约束力的文件——《北极海洋油污防御与反应合作协定》（Agreement on Cooperation on Marine Oil Pollution, Preparedness and Response in the Arctic），对国家管辖范围外的北极地区的石油污染的反应措施做出了具体规定，包括监控、互相告知泄漏情况、寻求帮助等。④

---

① "Canada to Host Ministerial Meeting of Arctic Ocean Coastal States in Chelsea, Quebec," February 4, 2010, retrieved on May 1, 2016, from http：//www.uarctic.org/news/2010/2/canada-to-host-ministerial-meeting-of-arctic-ocean-coastal-states-（march - 29th, - 2010）- in-chelsea, - quebec/.

② "Military Leaders from Arctic Countries to Meet in Canada," *Nunatsiaq News*, April 4, 2012, retrieved on May 1, 2016, from http：//www.nunatsiaqonline.ca/stories/article/65674military_leaders_from_arctic_countries_to_meet_in_canada/.

③ "Arctic Emergency Response Tops Goose Bay Defense Talks," *Nunatsiaq News*, April 14, 2012, retrieved on May 1, 2016, from http：//www.nunatsiaqonline.ca/stories/article/65674arctic_emergency_response_measures_top_goose_bay_defence_talks/.

④ Arctic Council, "Agreement on Cooperation on Marine Oil Pollution Preparedness and Response in the Arctic," retrieved on May 1, 2016, from http：//www.arctic-council.org/index.php/en/our-work/agreements.

哈珀在任时期，加拿大在北极治理领域的又一重大贡献是于2014年9月推动成立了北极经济理事会。加拿大以及整个北极地区的原住民群体的贫穷落后带来了一系列其他的安全问题，然而北极地区的经济安全与环境安全、社区安全等相互交织，开发北极资源、发展北极地区经济需要与保护北极地区脆弱的生态环境、保护原住民生活方式和文化相结合。在此背景下，加拿大推动成立了北极经济理事会，涉及的领域包括基础设施（海上运输、通信、信息技术、航空）、能源（石油、天然气、可再生资源）、采矿、旅游、渔业、人力资源投资等。① 理事会共有42名商业代表，由北极八国和六个原住民组织任命，首任主席是加拿大巴芬兰铁矿公司首席执行官汤姆·帕登（Tom Paddon）。

哈珀政府在北极问题上的有些做法也受到了批评。他在2006年上任之初废除了北极大使（Arctic ambassador）这一集中代表原住民利益的重要职位——第一任北极大使、因纽特人领袖西蒙（Mary Simon）正是因为在这个职位上的作为才得以推动北极理事会的成立的。这一职位的废除对于原住民是十分不利的，特别是在新世纪参与北极事务的行为体增加、北极治理当中的声音更多元、原住民群体本身的声音相对下降的背景下。而且哈珀政府强调对北极地区资源的开发的同时似乎忽视了如何将北极地区的资源开发与改善原住民的生存和发展结合起来。不过2013年当加拿大再次出任北极理事会主席国时，哈珀任命其健康部长、因纽特人阿卢卡克（Leona Aglukkaq）为北极理事会主席。阿卢卡克声明将北极地区人民的发展问题作为首要议题，并成为北极经济理事会最重要的推动者，成为将北极地区

---

① Arctic Economic Council, "Arctic Economic Council: Messaging" (September 2014), retrieved on May 1, 2016, from http://arcticeconomiccouncil.com/wp-content/uploads/2015/01/AEC-Backgrounder.pdf.

经济开发与解决原住民所面临的经济和社会问题相结合的方向上的有益尝试。虽然哈珀政府在原住民福祉问题上有所疏漏，但是原住民的福祉仍然在北极地区区域治理的发展潮流中"水涨船高"，从中受益。

另外，在这一时期，随着北极气候变化对全球环境带来的威胁和北极航道开通所带来的巨大潜在经济利益，世界各国对北极地区的关注也大幅提高，包括欧洲国家、中国等在内的很多国家都要求积极参与北极事务。对于非北极国家参与北极事务的限制几乎是北极国家的一致立场。早在 2008 年 5 月，加拿大、美国、俄罗斯、丹麦、挪威五国发表的《伊卢利萨特宣言》[①]（Ilulissat Declaration）中就对这一立场有所表露。2011 年 5 月，北极理事会发布的《北极高官报告》[②]颁布了所谓的"努克标准"，对非北极国家成为北极理事会观察员的标准提出了苛刻的要求，从制度上对非北极国家参与北极事务进行了限制。

小　　结

如果说二战后加拿大的外交史是一部不断追求外交独立性和中等强国身份的历史，那么加拿大在北极区域的外交行为也体现了相似的规律。加拿大北极政策的对美依赖性减弱、独立自主性增强的趋势在这一阶段得到了继续。

[①] Arctic Ocean Conference, "Ilulissat Declaration," Ilulissat, Greenland (May 2008), retrieved on April 4, 2016, from http://www.oceanlaw.org/downloads/arctic/Ilulissat_Declaration.pdf.

[②] Arctic Council, "Senior Arctic Officials Report to Ministers," Nuuk, Greenland (May 2011), retrieved on June 1, 2016, from www.arctic-council.org.

在这段时期，加拿大基于自己的议程推动北极地区区域治理，是其在北极地区的外交行为中独立性最强、对美依赖性最弱的一个时期。以原住民福祉、环境保护、可持续发展为宗旨的北极地区区域治理议程是由加拿大的公民社会发起的、自下而上的、内生的议程。实现这一议程的过程由加拿大主导。在这个过程中虽然对美国有所妥协，但是，此议程的仍然被坚持下来，并最终成为北极地区的区域治理文化。

这一时期加拿大北极政策高度的独立性有客观原因也有主观原因。一方面，在冷战后"一超多强"的国际关系格局下，作为唯一超级大国的美国对于非军事安全议程不重视也不反对，这为加拿大在非传统安全领域有所作为提供了可能；另一方面，加拿大非常积极地投身于冷战后新的国际政治秩序的建设中，对于追求外交的独立性和在国际关系体系中的领导地位具有极高的热情。克雷蒂安总理及其具有革命精神的外交部长阿克斯沃西相信在冷战后加拿大可以借"软实力"构建国际关系新秩序，成立北极理事会进行北极区域治理是其中的议程之一。

加拿大在此过程中与北极各国、各非政府组织展开了密切的外交活动，加拿大的外交行为构建了北极地区的区域治理文化和区域治理制度，而当这种文化和制度形成后就对其中的各国身份起到重要的建构作用。加拿大在构建北极地区的区域治理文化的过程中建构了自己作为北极地区区域领导者的身份。北极各国对这种区域治理文化和制度的认同使得各国在潜在的资源竞争面前按照区域治理的常规行事而摆脱了"安全困境"。

第四章
"功能路径"外交案例：
《北极水域污染防治法》

  1968年7月18日，《安克雷奇[①]时报》（Anchorage Times）发布消息《北极发现巨大石油蕴藏》（Arctic Oil Find is Huge）[②]，使得原本就苦苦期待在北极地区能够有所收获的北美石油行业兴奋起来，并开始筹划北极地区的石油开采。然而，如何把从阿拉斯加开采的原油运到位于美国东海岸的炼油厂，要开采北极地区的石油必须要解决运输问题。当时认为，在石油管道和油轮这两种运输办法中，油轮要经济实惠得多。然而，当时无论是加拿大还是美国，对于穿越西北航道的航行经验都非常少，于是对于穿越西北航道进行测试性的航行就显得十分必要了。美国"曼哈顿"号计划穿越西北航道的航行就是在此背景下孕育而生。但令各方都始料不及的是，此次航行在加拿大舆论界引发了一场轩然大波——各方都强烈谴责美国此举是践踏了加拿大

[①] 安克雷奇（Anchorage）是美国阿拉斯加州最大的城市。
[②] "Background: Prudhoe Bay Oil and Gas Discovery and Development," *Arctic Power*, August 21, 2013, retrieved on August 11, from http://anwr.org/2013/08/prudhoe-bay-production/.

在北极水域的主权,逼迫刚刚上任的特鲁多政府就北极水域主权问题做出明确表态。

在对此危机的应对中,特鲁多政府采纳了"功能路径"的思维。加拿大在美国反对,且对北极水域的主权依据缺乏足够说服力的情况下,没有选择宣称在北极水域的完全主权,而是选择了在北极水域的环境保护这个具体领域来实行部分的、功能性的主权。《北极水域污染防治法》就是加拿大在北极水域管控污染问题的国内立法,这成为加拿大在北极水域主权的突破性的一步。此后,随着加拿大在北极水域的功能性主权被广泛接受,加拿大逐步实现了在北极水域乃至北极相关地区的主权。加拿大在国际法领域的"知识性领导力"在酝酿和制定《北极水域污染防治法》的过程中起到了决定性的作用,加拿大在外交方面的"开拓性领导力"又为博取国际社会对此项立法的理解乃至支持起到了重要作用。

第一节 "曼哈顿"号航行带来的舆论危机

汉伯尔石油公司(Humble Oil)(Exxon 和 Standard Oil 的子公司)与另外两家石油公司(Richfield 和 British Petroleum)共同出资3000万美元,购买了"曼哈顿"号,并为了适应北极航行进行了必要的翻修。1968年11月,美国皇家石油公司(Imperial Oil)向加拿大交通部递交申请,提出"曼哈顿"号将于次年夏天进行穿越西北航道的航行,希望能够得到加拿大的支持,以及分享北极地区航行的相关技术信息。此次航行对于开发北极地区的资源,以及加拿大在北部地区的利益都很有意义,加拿大政府在"曼哈顿"号的问题上打算延续之前加美两国在

第四章 "功能路径"外交案例:《北极水域污染防治法》

北极问题上以合作为主的惯常做法,在北极地区的主权问题上搁置争议。为了彰显加拿大对西北航道的主权,加拿大政府宣布,外国船只只有在加拿大破冰船"麦克唐纳"号(John A. MacDonald)的陪同下才能通过西北航道。美国政府同时宣布美国海岸警卫队的破冰船"北风"号(Northwind)将陪伴"曼哈顿"号进行航行。

出于全球战略安全考虑,美国在全球海域坚持自由通行的原则,并从未承认加拿大在北极地区的领水主权。在"曼哈顿"号航行的问题上,加拿大仅仅获得了美国石油公司就"曼哈顿"号油轮穿越西北航道的申请。加拿大政府曾要求美国就海岸警卫队"北风"号破冰船穿越西北航道提出申请但遭到拒绝,无奈之下只能通过"麦克唐纳"号破冰船对"曼哈顿"号的护卫来彰显主权。毕竟因为"曼哈顿"号必须有赖于加拿大的破冰支持才能穿越西北航道。[1]

但特鲁多政府没有料到,"曼哈顿"号的航行前就突然成为媒体关注的焦点。1969年2月26日,《环球邮报》刊登了一封读者致编辑的来信,质问拟议中的"曼哈顿"号穿越西北航道的航行是否破坏了加拿大的主权。这封信点燃了记者和广大民众对"曼哈顿"号航行的争论,甚至加拿大前任保守党总理迪芬贝克(Diefenbaker)也参与其中,要求特鲁多就美国船只进入加拿大水域表明立场。[2] 此后,关于加拿大在北极水域的主权问题的辩论成为加拿大"议会的核心议题"[3],特鲁多对此猝不及防。之前,虽

---

[1] Edgar Dosman, "The Northern Sovereignty Crisis", *The Arctic in Question*, E. J. Dosman, ed., (Toronto: Oxford University Press, 1976), pp. 39–40.

[2] Justin Nankivell, *Arctic Legal Tides: The Politics of International Law in the Northwest Passage* (PHD Thesis of the University of British Columbia, July 2010), p. 159.

[3] John Kirton & Don Munton, "The Manhattan Voyages and Their Aftermath," *The Politics of the Northwest Passage*, ed. Franklyn Griffiths (Mc-Gill-Queens University Press, 1987), p. 74.

然加拿大政府声称在北极水域拥有主权，但北极水域对加拿大而言是"内水"还是"领水"、边界在哪儿、法律依据又是什么等问题，加拿大政府从未进行过深入的调查和表态。"扇形原则"和"直线基线"虽被提及，但也没有得到充分的论证和必要的认可。

在媒体、民众的舆论压力和议会的催促下，特鲁多政府不得不对加拿大在北极水域的主权问题上做出表态。1969年3月，特鲁多对众议院说，此事正在审议。他对于西北航道的定位不置可否，理由是国际法十分复杂。[①] 5月15日，特鲁多对众议院发表演说时对加拿大在北极水域的主权问题闪烁其词[②]，遭到了议员进一步责难。5月20日，当被逼问到政府在北极水域主权问题上的态度时，特鲁多居然做出了错误的表态，称北极水域不是加拿大的内水。[③] 特鲁多失言的原因不得而知，但这一记录在案的事实从一个侧面反映了当时局势的胶着。当时，特鲁多不仅对于在北极水域主权问题上不知所措，政府内部对于"曼哈顿"号航行的态度也褒贬不一。比如，交通部和印第安事务部认为此航行有利于加拿大经济发展，但能源部则认为此次航行可能使得阿尔伯塔省的石油流向美国。比斯利代表外交部在"北部发展建议委员会"（Advisory Committee on Northern Development，简称ACND）的发言代表了特鲁多的决心："'曼哈顿'号项目已经提供了明显的证据，表明加拿大有必要在大量穿越西北航道的航运交通变成事实之前

[①] *House of Commons Debates*, March 7 and 10, 1969, 28th Parliament, 1st Session, p. 6339, p. 6396, retrieved on March 1, 2016, from http：//parl. canadiana. ca/view/oop. debates_HOC2802_06/857？r = 0&s = 1http：//parl. canadiana. ca/view/oop. debates_HOC2802_06/914？r = 0&s = 1.

[②] *House of Commons Debates*, May 15, 1969, 28th Parliament, 1st Session, p. 8720, retrieved on March 1, 2016, from http：//parl. canadiana. ca/view/oop. debates_HOC2801_08/690？r = 0&s = 1.

[③] Ibid.

第四章 "功能路径"外交案例:《北极水域污染防治法》

解决北极水域的争端。"①

6月,加拿大政府知会美国驻加拿大使馆,表示"'曼哈顿'号项目不会影响加拿大在北极岛屿水域的管辖权"②。这如同是说,加拿大知道美国不同意其在北极水域的主权,但认为美国不是在挑战,只是可能并没有提出要征得加拿大的许可,事实上美国明确拒绝知会加拿大,但是无论如何加拿大还是给美国许可。③ 对此美国直截了当地回应道,美国不承认加拿大在北极岛屿之间的水域的主权,也不承认其三海里领海以外任何水域的主权。④

为了暂时回应国内民众对于北极水域主权的诉求,应对美国对加在北极水域主权的反对,特鲁多要求加拿大官员在北极水域问题上统一口径,主要内容包括历史原因和地理原因决定了加拿大在北极水域的重要利益、加拿大坚持其在1958年提出的对北极水域的主权、国际法支持加拿大在北极水域的主权主张、避免就此问题与美国发生直接冲突、"曼哈顿"号航行被认为不妨碍加拿大对北极水域的主权主张等。⑤ 然而,加拿大国内民众一再逼迫政府宣布北极水域主权,尼克松政府又不像往届美国政府那样乐于给加拿大政府留有面子和舆论空间,特鲁多在北极水域主权问题上无法再沿用其前任们的权宜之计。就在特鲁多持续寻找新的出路的过程中,"曼哈顿"号于8月25日开始穿越西北航道。

---

① Minutes A. C. N. D. meetings No. 74 (June 26, 1969), Ⅵ (c) and Addendum, A. C. N. D. Docs ND‐470. P. Whitney Lackenbauer & Daniel Heidt, "The Advisory Committee on Northern Development: Context and Meeting Minutes 1948‐66," *Documents on Canadian Arctic Sovereignty and Security* (November 2015), p. 68, retrieved on April 4, 2016, from https://www.sju.ca/CFPF/Publications.

② Edgar Dosman, *The National Interest: The Politics of Northern Development 1968‐75* (McClelland and Stewart, 1975), p. 53.

③ Edgar Dosman, "The Northern Sovereignty Crisis", *The Arctic in Question*, E. J. Dosman, ed., (Toronto: Oxford University Press, 1976), p. 40.

④ Ibid., p. 47.

⑤ Ibid., pp. 48‐50.

第二节　功能主义解决方案：
《北极水域污染防治法》

加拿大国内各界要求特鲁多政府宣布在北极水域的主权的呼声不断增强。虽然保守党执政时（如1957—1963年执政的迪芬贝克政府）由于种种限制加政府未能宣告加拿大在北方水域的主权，可是在此次由"曼哈顿"号事件所引发的舆论危机期间，保守党却就此问题对自由党极尽攻击之能事。[1] 在民众当中，1970年的民意调查显示，超过半数的加拿大人认为加拿大对北极拥有主权。[2]《环球邮报》、《多伦多星报》（Toronto Star）、《多伦多电讯报》（Toronto Telegram）等纷纷发表社论，要求政府宣布对北极水域的主权，甚至有些自由党的议员也表达了相似的立场。[3] "印第安与北方事务自由代表委员会"发布报告敦促政府宣布北极岛屿间的水域为内水。[4] 面对强大的舆论压力，特鲁多政府不得不在北极水域主权问题上拿出态度、采取行动。

一、化解危机的思路："法律功能路径"（legal functionalism）

在特鲁多政府试图厘清加拿大在北极水域的主权主张时发现，

---

[1] John Kirton & Don Munton, "The Manhattan Voyages and Their Aftermath," *The Politics of the Northwest Passage*, ed. Franklyn Griffiths (Mc-Gill-Queens University Press, 1987), p. 86.

[2] Ibid.

[3] *House of Commons Debates*, January 22, 1970, 28th Parliament, 2nd Session, p. 2721, retrieved on March 1, 2016, from http://parl.canadiana.ca/view/oop.debates_HOC2802_03/510? r=0&s=1.

[4] "Claim Waters Now, MPs of All Parties Urge," *Globe and Mail*, December 17, 1969.

运用"直线基线"原则来宣布加拿大在北极水域的完全主权是行不通的,因而着手通过"法律功能路径"寻找解决方案。"法律功能路径"即寻找具体领域、通过实现某种功能来进行立法,属于典型的"功能路径"的思维方式。这种"功能路径"的解决方案是以多纳特·法兰德(Donat Pharand)和伊凡·海德为代表的加拿大国际法专家潜心研究相关国际法,审时度势地运用到"曼哈顿"号危机的解决,这可归功于"知识性领导力"。

加拿大如果要伸张在北极水域的主权,就需要证明西北航道不是国际海峡。因为国际海峡不属于某个国家的主权管辖范围、各国有权自由通行。在这方面,加拿大的确有一些有利的国际法证据。国际法庭1949年对"科孚海峡"案(Corfu Channel Case)的裁定中指出,成为一个国际海峡需要满足两个条件:一是地理条件,即此海峡连接两个公海海域;二是功能性条件,即此海峡须作为国际交通的通道。[①] 西北航道的确满足作为国际海峡的地理条件,然而第二个条件却并不满足。从1936年4月1日到1937年12月31日,通过科孚海峡的各国船只共计2884船次,这尚被认为是很低的使用频率;而相比之下,截至1970年,穿越西北航道的船只只有6艘。

这种情况受到了加拿大最顶级的国际法专家法兰德的关注。他通过对相关国际法条款的仔细研究[②],发现在当时条件下,加拿大在北极水域的主权主张虽然有一定的国际法依据,然而依照"直线基线"原则宣告北极水域的完全主权是与国际法相违背的。加拿大最多只能将北极水域化为"领水"(territorial waters)而非

---

① Quincy Wright, "The Corfu Channel Case, April 9 1949," *The American Journal of International Law*, XLIII (July 1949), pp. 491–494.

② Donat Pharand, "The Waters of the Canadian Arctic Islands," *Ottawa Law Review*, III (1968–1969), pp. 414–432.

"内水"(internal waters),可是对于领水来说"无害通过"是被允许的。当加拿大对北极水域的功能性主权受到《联合国海洋法公约》第234条款的保护后,法兰德基于变化了的国际法形势,认为宣布"直线基线"的条件已经成熟。

除了法律依据以外,加拿大声索在北极水域的主权的最大挑战者是美国。为了保持自身在全球海域的自由通行,美国一直主张北极海域是公海、西北航道是国际海峡。尼克松政府意识到加拿大国内舆论力图迫使政府宣布在北极水域的主权,于是告诫加拿大政府,其对西北航道的任何主权主张都会被美国告上国际法庭。基于以上分析可以看出,如果与美国对峙国际法庭,加拿大在北极水域主权问题上的胜算很少。而当美国对加拿大提出诉讼要求时,假如加拿大拒绝应诉,这无疑又表明加拿大捍卫在北极水域主权的底气不足。假如加拿大对美国采取强硬态度,不仅不能阻止美国船只通行西北航道,而且还可能招致美国的"炮舰外交"。正如一位来自西北地区(Northwest Territories)的议员在议会辩论中说到的那样:"我们可以拍案而起,呼吁呐喊,但是我们拦得住他们吗?"[1]

在法律依据不足和美国强势阻挠的情况下,加拿大在关于北极水域的主权的问题上不能一步到位地宣布在北极水域的完全主权,而是不得不采取迂回的办法、分步骤地进行,比如先在某个领域维护加拿大在北极水域的主权,再进一步争取在北极水域更多的主权和国际社会更多的认可。这就是加拿大采取功能路径思路处理加拿大的北极水域主权问题的背景。

这一功能主义的解决方案的总设计师正是海德。作为国际法

---

[1] *House of Commons Debates*, January 22, 1970, 28th Parliament, 2nd Session, p. 2723, retrieved on March 1, 2016, from http: //parl. canadiana. ca/view/oop. debates_HOC2802_03/512? r = 0&s = 1.

第四章 "功能路径"外交案例:《北极水域污染防治法》

律师出身的海德当时是特鲁多总理的外交事务特别助理,他主张找到解决北极水域主权问题的稳妥方案后再宣布。20世纪六七十年代是国际法的蓬勃发展期。1969年维也纳会议(Vienna Convention)表明在这一时期的国际法领域,从理论到实践都呈现出多元化趋势和不同角度纷争的局面,对国际法的认知角度和司法管辖框架都具有很大的不确定性,不同的倡导者的相关认识和目的也截然不同。[1] 米特兰尼的功能路径思维被应用到国际法领域而产生了"法律功能路径"[2]。"法律功能路径"有两个核心观点:第一,各国合作可以不仅仅在政治层面进行,也可以为了解决某个实际问题在技术层面展开;第二,强调创立国际法和国际机制的初衷而非形式,所以国际法律师等专业人士就得以在什么是正义以及什么是有效的这两个维度之间获得了巨大的空间。[3] 特鲁多总理办公室的外交事务特别助理海德就是"法律功能路径"的坚定拥护者,并且按照这个思路在解决加拿大北极水域主权的问题上产生了创造性的解决方案。

二、危机的解决以及加拿大建立北极水域主权的突破:《北极水域污染防治法》

如果运用"法律功能路径"的核心观点来分析"曼哈顿"号危机以及解决加拿大在北极水域的主权问题上,那么加拿大政府可以通过关于北极水域的污染治理的功能性立法来同时解决两个

---

[1] Justin Nankivell, *Arctic Legal Tides: The Politics of International Law in the Northwest Passage* (PHD Thesis of the University of British Columbia, July 2010), p.109.

[2] Ernest B. Haas, *Beyond Nation State: Functionalism and International Organization* (Stanford: Stanford University Press, 1964).

[3] Justin Nankivell, *Arctic Legal Tides: The Politics of International Law in the Northwest Passage* (PHD Thesis of the University of British Columbia, July 2010), pp. 105–106.

问题：一是各国船只通过相关北极水域所可能带来的对北极水域的污染问题，二是加拿大在北极水域的主权问题。加拿大的国际法专家在立法过程中发挥了"知识性领导力"，而特鲁多和加拿大外交人员在游说各方接受此项立法的过程中发挥了"开拓性领导力"。

北极水域污染问题在当时的确是一个实际存在的问题。在当时的一系列船只原油泄漏事故之后［如 1967 年"托里·砍宁"号（Torrey Canyon）在英格兰西南海岸触礁、溢出原油 12 万吨］，加拿大交通部自 1968 年底开始对《加拿大行船法案》（Canada Shipping Act）进行修订，讨论的问题包括是否要取消船只对海域污染的赔偿的上限。在 1969 年 6 月的一次议会辩论中，一位自由党议员将此问题与"曼哈顿"号航行联系了起来。他在发言中说："要是像海湾石油公司最近建造的那样的超级巨轮在北极冰封中撞毁泄露了 30 万吨石油怎么办？这意味着 7500 万加仑原油泄漏到 33—34 华氏度①的冰水中。我请你们想想我们要面对的这个问题有多大，可怕的费用和对北极生态不可思议的破坏。这就是为什么我们要控制这些水域、有权决定什么船只可以进入。我们需要能够确保这些船只足够优良，从而保证类似那样的灾难不会发生。要想对这个区域拥有那样的控制力，除非我们拥有主权。"② 似乎是为了与这种观点相呼应，1970 年 2 月 4 日，当加拿大议会激烈讨论正在制定中的关于北极水域污染控制区的立法时，一艘利比里亚油轮"箭"号（Arrow）撞上了新斯科舍省的车达布克托湾（Chedabucto Bay）的礁石，向冰冷的海水中泄露了约 100 万加仑油

---

① 华氏 32 度为摄氏 0 度。
② R. Michael M'Gonigle & Mark W. Zacher, "Canadian Foreign Policy and the Control of Marine pollution," *Canadian Foreign Policy and the Law of the Sea*, eds. Johnson & Zacher (Vancouver: UBC Press, 1977), pp. 106–108.

污。这一事故再次说明了在北极水域的航行环境中事故发生的几率以及对在极度寒冷又状况复杂的环境中清理油污的难度。

在特鲁多政府任期内，海德首次运用法律功能路径思维，将北极水域污染问题与加拿大在北极水域的主权问题结合起来。1969年9月11日，特鲁多宣布他将在10月22日新一届议会开幕时在"权杖演说"（Throne Speech）中正式说明加拿大在北极水域主权问题上的立场。当晚，相关的内阁和外交人员开了三个小时的会，海德在会上首次阐述了以北极水域污染防治区的立法捍卫加拿大在北极水域的主权的想法。在这次会议上，加拿大外交部主张先宣布北极地区12海里领海，作为按"直线基线"原则宣布北极水域主权的前奏。对此，海德和艾伦·戈特利布（Allan Gotlieb）等人表示反对。国际法律师戈特利布也"倡导国际社会按照功能路径原则负起责任"①。海德回顾道，他们二人对法律和政策的思路相似，都"感觉应该实际地看待加拿大在北极的利益……目的是通过运用国际社会的支持来保护加拿大的利益"。②

海德提出了北极水域污染防治区是"加拿大的区域……为加拿大提供机会，代表各个国家，完善并推进一个新的法律概念，一种功能性的司法管辖。这个动议是在到目前为止少有问津的环保领域推行国际标准"。这是按照"托管的概念"（concept of trusteeship）治理北极地区的思路，就是在国际制度没有建立起来之前由加拿大承担保护北极水域生态环境保护的责任。"我们要强调我们不是与国际法相矛盾，而是在北极特殊的情况下，我们在相关法律缺失的情况下代表国际社会采取行动。"这一目标将通过两个

---

① 时任加拿大通信部（Department of Communications）副部长，1981年至1989年任加拿大驻美国大使。

② Ivan Head & Pierre Trudeau, *The Canadian Way: Shaping Canada's Foreign Policy 1968 - 1984* (McClelland and Stewart, 1995), p. 34.

方式达成：一是防止石油泄漏和其他破坏性活动的立法，二是通过谈判在国际社会树立与加拿大立场一致的国际标准。① 通过这次会议，强硬主张北极水域主权的方案被放弃了，取而代之的是以环保的思路主张北极水域主权的新思维，虽然各方对此项提议的相关国际法的法律基础还存在疑虑。

1969年10月24日，特鲁多按照承诺，在"权杖演说"中阐明加拿大关于北极水域主权问题的立场，表明加拿大政府将为北极水域环境保护进行立法。②

"北冰洋和周边区域可能很快进入一个经济高速发展的时期。毫无疑问很多的发展都会在加拿大的群岛上发生，或者在相邻的大陆架发生，而根据国际法有些大陆架只有加拿大有权开发或者开采上面的资源。伴随着资源开发及其带来的利益，北极地区陆地和海洋的植物和动物的平衡可能受到严重危胁，而这种平衡在严酷的极地环境中本来就岌岌可危。在鼓励这个区域发展的同时，我们必须履行责任保护它的自然生态环境不被污染。本政府除了会通过立法规定旨在防止北极海域污染的措施，还在考虑用其他方法来保护加拿大的沿海区域。通过联合国及其机构，加拿大力图建立一个对抗世界水域污染的体系，因为水域污染威胁着这个星球上诸多物种的生命。……

"我们从不怀疑，假如我们未能给予那个环境足够的保护，使其免受污染或者人为的破坏，整个世界都会认为这是我们失职，会让我们负责。加拿大不会允许这种情况发生——不论是以公海自由航行还是以经济发展的利益为理由。令我们哀伤的是，这些

---

① Ivan Head & Pierre Trudeau, *The Canadian Way: Shaping Canada's Foreign Policy 1968 - 1984* (McClelland and Stewart, 1995), p. 39.

② Speech from the Throne, October 23, 1969. 28th Parliament, 2nd Session, retrieved on March 1, 2016, from http://parl.canadiana.ca/view/oop.debates_HOC2802_01/3?r=0&s=1.

原则在其他领域受到了破坏,我们决心在北极地区不向任何国家施加的压力屈服。……

"这样做并非沙文主义,而是在愈来愈不负责任的世界里的一种清醒的行为。加拿大会出台一种为环保而设计的使用北极水域的政策。这不会对别人的活动横加干预,也不会是对进步的局限。我们,邀请世界同我们一道,将此立法看作是为了经济和社会的长期可持续发展而做出的贡献。……"

在讲话中,特鲁多并未提及加拿大在北极水域的主权问题,而是坚持加拿大对于相关北极水域的"受托人"的责任。特鲁多强调在科技和经济发展、北极水域面临被开发的形式下,保护北极环境的立法显得尤为迫切,而加拿大邀请国际社会与其一道履行相关责任。"权杖演说"向国际社会释放了加拿大将在北极水域进行关于环境保护的功能性立法的信号。之后,总理特鲁多和以外交部长米歇尔·夏普(Mitchell Sharp)为代表的外交官们充分施展了有效的"开拓性领导力"——在国际会议场合展开多方沟通,力图争取各国接纳加拿大的立法;并且对美国开展了有理有力的双边外交,让美国虽然反对却无可奈何。

特鲁多的联合国总部之行和加拿大代表团参加"海洋污染国际立法会议"都是在为这一思路寻求理解、支持和合法性。1969年11月11日,特鲁多抵达纽约联合国总部与联合国秘书长吴丹(U-Thant)会面,披露加拿大在北极水域制定环保目的的法律的意图。加拿大作为北极地区监管者的姿态和创立新的国际法机制的行动获得了吴丹的赞同和支持。与此同时,加拿大交通部长带领代表团出席了在布鲁塞尔召开的"海洋污染国际立法会议"。加拿大代表在会议上说明了石油污染对海洋环境的巨大破坏性以及落后于现实需求的相关立法,加拿大在必要时会采取单边行动来应对这一法制缺失。可是对于会议结束时形成的旨在加强污染肇事者的责任的文件，加拿大却拒绝签字。因为这个文件一旦被认为具有法律意义，就填补了北极水域环保类法律的缺失，加拿大就失去了进行单边行动制定相关的国内法的理由。[①]

当加拿大在国际上游说各方推广北极地区污染防治区的概念时，美国感受到加拿大的这个论点的力度，害怕世界上其他海洋邻国如法炮制实现对相关海峡的主权，所以多次催促加拿大进行双边谈判或者多边谈判来解决北极地区海洋环保问题，目的是为了阻止加拿大采取单边立法，逐步实现对北极相关水域的主权。但是加拿大对此一再拖延不作回应。与此同时，自10月24日特鲁多"权杖演说"发布之后，加拿大政府内就成立了三个行动组来负责法律的起草工作。[②]

为什么加拿大要坚持单边主义路径通过国内立法来实现北极水域污染防治的目的？亚当·拉热内斯（Adam Lajeunesse）就此做出了清晰的解读：因为这一功能性立法除了解决北极水域的污染问题以外，还有一个同等重要的目的就是加拿大在北极水域的主权。[③] 倘若北极水域的环保问题是加拿大政府的首要目标，加拿大就应该接受美国的提议与美国合作共同解决这个问题。美国不仅在实施相关措施方面更有力度，而且考虑到通过西北航道的主要是美国船只，美国参与管理也会效果更好。可是由于加拿大希望将北极水域污染问题作为本国的内政来解决，所以拒绝与别国合作而选择了直接进行国内立法的方式。

[①] R. Michael M'Gonigle & Mark W. Zacher, "Canadian Foreign Policy and the Control of Marine pollution," *Canadian Foreign Policy and the Law of the Sea*, eds. Johnson & Zacher (Vancouver: UBC Press, 1977), pp. 116–117.

[②] Ivan Head & Pierre Trudeau, *The Canadian Way: Shaping Canada's Foreign Policy 1968–1984* (McClelland and Stewart, 1995), p. 43.

[③] Adam Lajeunesse, *Lock, Stock, and Icebergs: A History of Canada's Arctic Maritime Sovereignty* (Vancouver: UBC Press, 2016), pp. 175–176.

第四章 "功能路径"外交案例:《北极水域污染防治法》

也就是说,加拿大通过在北极水域关于污染防治的立法想要达到双重目的:一方面是为了保护北极水域免受污染,而更重要的是为实现加拿大在北极水域的主权寻找突破口。实际上在"权杖演说"之后,加拿大政府就开始了此法案的起草工作。印第安事务与北方发展部(Department of Indian Affairs and Northern Development)部长让·克雷蒂安①(Jean Chretien)负责法律的具体起草工作和实施,枢密院办公室(Privy Council Office)负责为内阁准备相关立法过程的备忘录,外交部负责准备关于如何使该项立法能够被国际社会所接受的提案。到11月20日,加拿大内阁再次召开会议,决定对北极问题进入单边的立法程序。

到1970年1月底,该项法案的初稿已经形成,然而在内阁之内对于污染控制区的范围仍有分歧。海德和特鲁多主张规定一个100海里的控制区,并添加一个"条约保留",而外交部长夏普和议会上院政府领袖的老保罗·马丁(Paul Martin Sr.)主张建立12海里的控制区不需要"条约保留"。"条约保留"意在保护加拿大免受美国在国际法庭上因为与北极污染保护区相关的内容的起诉,因为起诉加拿大可能败诉。根据后来拟定的"条约保留",加拿大对国际法庭与如下内容相关的司法管辖都不接受:"加拿大声称或者行使的有关海洋生物资源的保护、管理或开发,或者在与加拿大沿岸毗邻区域的对海洋环境的保护或者污染控制"②。

2月19日,加拿大内阁再次开会,海德和老马丁就是否使用"条约保留"展开辩论。老马丁和夏普反对"条约保留",是因为他们认为"条约保留"会破坏加拿大作为国际法拥护者的声誉,

---

① 克雷蒂安在马尔罗尼之后成为又一位自由党总理,其在位期间(1993—2003年)为北极理事会(Arctic Council)的成立做出了巨大贡献。
② American Society of International Law, "Documentation Concerning Canadian Legislation on Arctic Pollution and territorial Sea and Fishing Zones," *International Legal Materials*, IX (May 1970), pp. 598–615.

| 103 |

也会破坏新生的国际法体系，而加拿大即便不使用"条约保留"也能够实现在北极水域的利益，不应该为了自己的利益破坏原则。海德则认为假如没有"条约保留"，加拿大的北极水域污染立法在国际法庭受到攻击的几率很高，这将损害加拿大在北极水域的主权和利益，不能冒此风险。而且北极水域污染防治法律本身就是国际法在功能领域的新发展，与国际法精神一致，理应得到保护。特鲁多总理私下里对老马丁表示理解而实际上支持海德，最终表决的结果是海德及特鲁多的立场胜出：加拿大对北极水域污染防治的立法区域为100海里，附加国际法庭的"条约保留"。就此，在北极水域污染防治的立法问题上，加拿大实现了内部意见的统一。但此项立法仍然面临着美国的强力阻挠。

1970年初，夏普回应"曼哈顿"号第二次穿越西北航道的申请时表示，欢迎"曼哈顿"号的航行，但是此次航行必须由加拿大政府根据即将制定的污染防控法规予以批准。对此，尼克松总统发表声明称对加拿大在北极水域的主权要求表示关切，同时美国再次要求与加拿大磋商相关的国际海洋法规事宜。美国的立场十分明确：只要能够签订国际条约确保国际海峡的自由通行，美国愿意承认12海里的领海范围。[①] 夏普发表声明表示，北极水域不是国际海峡，原因是西北航道使用得很少，不能被认为是国际交通的通道。

3月10日，尼克松表示，假如加拿大单边性立法，美国就从7月1日起减少对加拿大20%的石油进口，直到双方开始谈判为止。3月11日，海德等带领代表团赴华盛顿展开磋商。海德认为与美接触的时机已经成熟，因为汉伯尔石油公司已经默许了加拿大政府对于"曼哈顿"号穿越西北航道的关于污染管制方面的要求。

[①] Ivan Head & Pierre Trudeau, *The Canadian Way: Shaping Canada's Foreign Policy 1968 – 1984* (McClelland and Stewart, 1995), pp. 45 – 46.

第四章 "功能路径"外交案例:《北极水域污染防治法》

据海德回忆,加拿大驻美大使有效地向美国方面表述了加拿大国内舆论对政府的压力、加拿大对北极水域历史上的主权要求、北极水域环境保护的必要性,以及加拿大通过相关立法填补目前国际法的空缺,以过渡性的办法解决相关问题,从而达到引领国际社会、强化国际法原则的目的。海德的印象是,双方交流友好坦诚。当然,美国方面对加拿大立法表示反对。[1] 而美方代表副国务卿约翰逊(U. A. Johnson)对会面的汇报却与海德的印象有巨大不同[2]:加拿大为了在北极水域的主权将立即采取行动,其行动方案可能是"直线基线"原则宣布主权,宣布100海里的污染保护区以及12海里领海、圈定捕鱼区,加拿大对提议或者替代方案都不感兴趣而仅仅是通知美方相关的方案。不论是尼克松对特鲁多的异议,还是3月20日约翰逊带领一行赴渥太华的再次劝说都无法阻止加拿大推进立法的脚步。

4月7日,在加拿大在议会正式颁布该法令的前一天,特鲁多与美国国务卿威廉·罗杰斯(William Rogers)进行了长达45分钟的电话交谈。双方各自陈述自己的立场和理由,罗杰斯对加拿大无视美国利益的做法非常愤怒,一度威胁使用潜水艇等武力手段。对此特鲁多回答:"罗杰斯先生,如果你派来一艘像纸那么薄的船身的船载着一易拉罐石油,我们不仅会阻止你,但会把你遣送回去。如果我们这样做,罗杰斯先生,我们会拥有整个世界和我们站在一边。"[3]

---

[1] Ivan Head & Pierre Trudeau, *The Canadian Way: Shaping Canada's Foreign Policy 1968 - 1984* (McClelland and Stewart, 1995), p. 47.

[2] Ted McDorman, *Salt Water Neighbors: International Ocean law Relations between United States and Canada* (Oxford: Oxford University Press, 2009), p. 69.

[3] Ivan Head & Pierre Trudeau, *The Canadian Way: Shaping Canada's Foreign Policy 1968 - 1984* (McClelland and Stewart, 1995), p. 55.

4月8日，特鲁多向加拿大议会呈交了《北极水域污染防治法案》[1]（Arctic Waters Pollution Prevention Act，简称 AWPPA）和《修订 1964 年领海和捕鱼区法案》[2]（Bill to amend the Territorial Sea and Fishing Zones Act of 1964），两个法案都在 6 月 26 日以 198 票全票通过。《北极水域污染防治法》设立了一个 100 海里的污染控制区，加拿大在控制区内行使司法管辖权对来往船只进行管理，同时加拿大还将领水区域由 3 海里扩大到 12 海里。对于这一立法，特鲁多一再强调这不是为了宣示主权，而是"表示我们想要保持北极地区免受污染的愿望"，"……现在没有国际法可以被应用到北极海域，我们说得有人为人类保护这个区域直到国际法得到发展为止。我们愿意通过一步步的努力帮助国际法发展……"[3] 对于"条约保留"，夏普解释说："当现存法律存在不足的时候，任何试图修复这些不足的努力都不能被现存的法律标准评判。这种程序会阻碍任何改革的可能……加拿大的政策并非表示其在国际法庭信心不足，而是考虑到法庭审理所拥有的局限。"[4]

这种"功能路径"路径是"从侧面实现主权"[5]。虽然加拿大政府在颁布《北极水域污染防治法》时不承认这是在宣告主权，但是运用"法律功能路径"创造性地提出《北极水域污染防治法》

---

[1] C-202, 28th Parliament, 2nd session.

[2] Ibid.

[3] *House of Commons Debates*, 28th Parliament, 2nd Session, April 8, 1970, pp. 5623 – 5624, retrieved on March 1, 2016, from http：//parl. canadiana. ca/view/oop. debates_HOC2802_06/141？r = 0&s = 1http：//parl. canadiana. ca/view/oop. debates_HOC2802_06/142？r = 0&s = 1.

[4] *House of Commons Debates*, 28th Parliament, 2nd Session, April 17, 1970, pp. 6014 – 6015, retrieved on March 1, 2016, from http：//parl. canadiana. ca/view/oop. debates_HOC2802_06/532？r = 0&s = 1http：//parl. canadiana. ca/view/oop. debates_HOC2802_06/533？r = 0&s = 1.

[5] Andrea Charron, "The Northwest Passage：Is Canada's Sovereignty Floating Away？," *International Journal*, LX (Summer 2005), pp. 831 – 848.

的最重要的设计师海德在回顾这段历史时说:"我们在一步一步、一丝一线地编织着北方的主权","对环境的关切"是其中的一条纤维。①

小　　结

《北极水域污染防治法》的实质是加拿大选择履行北极水域的污染防治这项任务来部分地实现在西北航道等相关的北极水域的主权。不难看出,这是典型的"功能路径"外交的产物。该法案的酝酿和制定过程主要得益于加拿大的国际法专家的"知识性领导力",而法案基本获得国际社会尤其是美国的接受的过程是加拿大的外交官们发挥"开拓性领导力"的结果。

历史证明,《北极水域污染防治法》的出台,既对西北航道的船只航行,尤其是在环境保护方面的管理起到了规范作用,又成功化解了由于"曼哈顿"号危机所点燃的加拿大国内近乎仇外的民族主义情绪,实现了加拿大在北极水域宣布主权的突破。环境保护是加拿大民族价值观的一部分,是改过具有优势的外交领域。选择这个领域作为北极水域主权的外交努力的切入点充分体现了这一时期加拿大功能外交的特点。虽然这一立法仍然没有超过美国主导的联合国框架,但仍不失为加拿大在北极地区追求主权和外交独立的重要一步。

---

① Christopher Kirkey, "The Arctic Waters Pollution Prevention Initiatives: Canada's Response to an American Challenge," *International Journal of Canadian Studies*, XIII (Spring 1996), p. 44.

第五章
"行为路径"外交案例：北极理事会的成立

在北极地区成立一个区域治理机构的想法是在冷战即将结束的背景下产生的。当"北极理事会工作组"（Arctic Council Panel）在1990年4月成立时，其发起人没有想到北极理事会将在六年多以后才正式成立。在推动成立北极理事会的漫长努力遭遇挫折时，他们也许没有想到这一区域治理机构最终能够诞生，并在日后发展成为北极地区区域治理的核心机构。推动成立北极理事会的过程，是加拿大政府和原住民组织践行"行为路径"的过程。

北极理事会所追求的原住民福祉、环境保护、可持续发展等目标都超越了狭隘的国家利益，彰显了加拿大作为"世界好公民"的中等强国外交行为特点。在推动北极理事会成立的过程中，加拿大与美国、俄罗斯、芬兰、挪威、瑞典、丹麦、冰岛等环北极国家积极开展多边外交。整个过程经过大量会谈和磋商。关于成立北极理事会的议程，美国持反对态度，各方立场不同、意见不一，而且随着局势发展而不断变化。加拿大在此中进行了各种斡旋活动才使得各方得以建立共识。在此过程中，加拿大对于北极地区原住民问题以及相关的环保和社会问题的了解体现了一种"知识性领导力",而漫长曲折的多边外交过程显然是"开拓性领导力"的体现。

北极理事会体现的是加拿大内生的议程,其成功是加拿大外交独立性的体现。北极理事会的成立也恰恰体现了作为中等强国的加拿大在国际关系体系中居中的地位。一方面,加拿大不同于芬兰等国,后者即便是在冷战结束的背景下也不敢对超级大国美国的意见有丝毫冒犯,其创立的"北极环保战略"(Arctic Environmental Protection Strategy,简称 AEPS)被严格地限定在科学研究的范围,原因就是怕超越科学范畴的其他活动引起美国的不满;而加拿大所倡导的北极理事会的议程中包括了原住民权利、环保、发展等方方面面,其中有许多内容都是美国所漠视甚至反对的,然而加拿大仍然设法坚持下来直至取得成功。换句话说,芬兰等国即便在冷战后新的国际关系体系下也只能践行"功能路径",而加拿大等中等强国则能够按照自己的议程践行代表典型的中等强国外交行为的"行为路径"。而另一方面,加拿大毕竟只是中等强国而并非强国,所以虽然在其酝酿成立北极理事会之初将军事安全列入了区域治理的日程当中,但是美国对传统安全问题丝毫不肯让步,只允许作为中等强国的加拿大在非传统安全领域发挥作用,为了保全北极理事会的非传统安全日程,加拿大最终只得以放弃军事安全日程作为妥协来换取美国对北极理事会的支持。

根据"行为路径"外交理论,中等强国的典型外交行为具有一种重要的"时间因素",蕴含在三种角色的行为过程中:解决问题的行动的发起者、专门领域的国家间联盟建设的推动者、使某项行动制度化的工作的管理者。[1] 在加拿大建立北极理事会的过程

---

[1] Andrew F. Cooper et al., *Relocating Middle Powers: Australia and Canada in a Changing World Order* (Vancouver: UBC Press, 1993), pp. 24–25.

中，也分为两个阶段：在马尔罗尼执政后期也就是从冷战走向结束到1993年克雷蒂安政府上台之前的这段时期，加拿大是北极理事会的议程的发起者和北极各国的联盟的建设者；在克雷蒂安执政时期，加拿大继续打造北极各国以及各原住民组织之间的联盟，直至建立北极理事会这个机制。而1996年北极理事会成立之后，加拿大履行的是区域管理机制的管理者的作用，这部分历史在本书第三章已详细叙述。

本章分为三个小节，第一节叙述在冷战即将结束的背景下芬兰主导的"北极环保战略"——这是北极理事会成立的前奏；第二节是马尔罗尼政府时期对北极理事会成立的准备工作——主要是加拿大公民社会产生北极理事会的议程，以及争取到加拿大政府的支持；第三节是克雷蒂安时期北极理事会最终得以成立的过程——其中美国和加拿大两国政府尤其是加拿大克雷蒂安政府起到了关键作用。

第一节　北极理事会成立的前奏：
　　　　"北极环保战略"

戈尔巴乔夫于1987年10月1日在苏联北极地区的"首都"摩尔曼斯克（Murmansk）发表的讲话被认为是苏联想要在北极地区结束冷战的信号，也成了成立北极理事会的第一个推动力。摩尔曼斯克讲话是戈尔巴乔夫"改革"（Perestroika）政策在北极地区的体现。该讲话指出："一种关于国际关系和世界政治的新的民主哲学正突显出来"，"很明显也可以此来审视这个星球的北部地区的形势"，"（北极是）欧亚、北美、亚太地区的交汇之地，在这里属于相互对立的军事阵营的各国的领土交汇、利益交织"，"苏联倾向于在此地区快速降低军事对立的程度。让北极成为和平之极。我们建议所有相关各国就在北方地区限制和削减武力活动展开对话。"① 为此,戈尔巴乔夫提出六点建议:(1)在欧洲建立无核区,提出撤销苏联波罗的海舰队的弹道导弹;(2)在北极地区建立无核区;(3)共同开发北部资源;(4)拓展与加拿大在科学领域的合作,并将此类合作扩大开来,敦促认可原住民人口的利益;(5)号召制定全面计划保护北部地区自然环境;(6)"北部航线"(Northern Sea Route)可以允许外国船只通航,在北部交通和通信方面与各国展开更广泛的合作。②

虽然摩尔曼斯克讲话标志着苏联对于北极事务路径的"革命性"③ 变化,然而除了芬兰以外各国对此都感到意外和难以置信。芬兰是准确及时地把握了该讲话的精神并且积极付诸行动的国家。在摩尔曼斯克讲话发表的第二天,芬兰总统毛诺·科依维斯托(Mauno Koivisto)即发表讲话对此表示欢迎,称这一讲话"显示了对北部地区安全和合作问题的一种高瞻远瞩的合作精神"④。芬兰领导人由此开启了"罗瓦涅米进程"(Rovaniemi Process)并于1991年成立了"北极环保战略"(Arctic Environmental Protection Strategy,简称 AEPS),也就是北极理事会的前身。芬兰所领导的"罗瓦涅米进程"体现出非常典型的"功能主义"外交行为的特点,表现有二:第一,虽然戈尔巴乔夫的讲话倡导在北极地区进行传统安全和非传统安全等多方面的合作,芬兰自始至终将其议

---

① Mikhail Gorbachev, "Speech in Murmansk at the Ceremonial Meeting on the Occasion of the Presentation of the Order of Lenin and the Gold Star to the City of Murmansk," Murmansk, Soviet Union, October 1, 1987, retrieved on May 1, 2014, from www.barentsinfo.fi/docs/Gorbachev_speech.pdf.

② Ibid.

③ Ronald Purver, "Arctic Security: The Murmansk Initiative and Its Impact," *Current Research on Peace and Violence*, XI (1988), p. 148.

④ Ibid., p. 150.

程限定在科学和环保领域，绝不涉及有可能引起大国不快而自己也无力应对的传统安全问题；第二，在整个过程中小心谨慎的不冒犯超级大国美国的意志，这一点在是否给予原住民议事权力的问题上非常明显地表现出来。

芬兰能够把握摩尔曼斯克讲话的时机及时动员北极各国成立"北极环保战略"并非偶然。芬兰本国既有足够的内在动因驱使着其采取行动，又有一支足够精悍的团队执行相关议程。对芬兰而言，有两个原因促使它在北极地区区域治理方面、尤其是在环保领域有所作为。第一，芬兰政府面临来自国内民众的关于加强环保举措的巨大压力。苏联 1986 年切尔诺贝利核电站泄漏事故以及苏联科拉半岛（Kola Peninsula）的严重污染危及芬兰以及广大北极地区的环境安全，然而芬兰政府深知以其本国的实力通过双边外交促使苏联正视并且采取行动解决这些环保问题是不切实际的，最好的办法是将苏联纳入多边机制中，通过北极地区的多边机制促进北极地区环保问题的解决。第二，面对冷战有望结束的前景，有着"积极中立"传统的芬兰谋求有所作为。[1] 芬兰不仅有着充分的动力开展北极地区环保领域的区域治理，其相关的两个政府部门——环保部和外交部强有力的领导人也确保了芬兰对该议程的执行力。环保部部长卡基·巴伦德（Kaj Barlund）后来是联合国欧洲经济事务委员会环境和人居部主任，外交部部长卡莱维·索尔萨（Kalevi Sorsa）是卸任的芬兰总理以及二战后芬兰政坛的重量级人物，年轻科学家萨图·努米（Satu Nurmi）领导的专家队伍对北极环保事业满腔热忱。

1989 年 1 月 12 日，芬兰环保部与外交部联合给北极八国外交部致函，提出"近年来北极各地区的环境状况每况愈下"，"我们

---

[1] John English, *Ice and Water: Politics, Peoples, and the Arctic Council* (Toronto: Allen Lane, 2013), p. 116.

认为北极八国对于保护极地环境的问题负有首要责任。……八个北极国家的政府应该采取联合行动"。除了斯堪的纳维亚半岛国家的支持以外，芬兰通过外交行动获得了加拿大的支持——由于在80年代后期北部居民的食物以及身体组织中发现了大量的污染物，加拿大印第安事务与发展部（Department of Indian Affairs and Development，简称DIAND）对芬兰的倡议表示支持。美国的态度则是犹豫不决、不置可否，其提出应先研究北极地区现有的双边多边环保机制。苏联提出除了磋商会议以外还应该有各国高层会议。在此基础上，北极八国于1989年9月20日到26日在芬兰罗瓦涅米召开会议，这成为"罗瓦涅米进程"的第一次重要会议。芬兰代表团指出，除了1973年的《北极熊协定》以外，北极地区尚无其他涵盖全北极地区的环保协定。会议最终确定了酸性物质、重金属、噪音、油污、有机污染物和放射性物质六个主要环保议题并且分配给六个国家展开相关调查，同时决定在下一次于加拿大的耶洛耐夫（Yellowknife）举行的会议上进行汇报。

与此同时，虽然加拿大政府的行动没有芬兰政府迅速，但是在非政府组织、学者、政治活动家、原住民组织等的积极努力下，马尔罗尼政府也意识到积极投身北极事务对于增加其国内支持率和冷战后国际地位的重要作用。1989年11月，马尔罗尼访问苏联并顺带提出了成立北极理事会的想法。然而即便是在芬兰的推动建立"北极环保战略"的"罗瓦涅米进程"中，加拿大也起到了至关重要的作用，这在1990年4月于加拿大举行的"罗瓦涅米进程"第二次重要会议中得以体现。在这次会议上，加拿大对于推动"罗瓦涅米进程"做出了两大贡献：一是使得原住民参与到北极事务中来，二是明确提出"北极环保战略"的议程，成为日后北极各国正式签署"北极环保战略"的基础。

实际上在罗瓦涅米召开的第一次会议之后，时任"因纽特人北极圈理事会"（Inuit Circumpolar Conference，简称 ICC）主席的玛丽·西蒙（Mary Simon）就于 1989 年 12 月写信给芬兰外交部长佩尔蒂·帕西欧（Pertti Paasio）指出，居住在北极地区的原住民受污染物的冲击最大，为什么"因纽特人北极圈理事会"没有被直接邀请参加"罗瓦涅米进程"？芬兰境内也有原住民萨米人（Saami），芬兰政府对于原住民与北极事务的直接关系心知肚明。然而芬兰政府将原住民排斥在北极事务之外的真正原因，是顾忌美国政府对此问题的态度。美国政府因为不希望给阿拉斯加的原住民更多的权力而排斥原住民参与北极事务，所以芬兰政府也没有考虑给原住民参与北极环境治理的机会。

正如前文所指出的，芬兰不同于作为中等强国的加拿大，"功能主义"是其外交行为始终遵循的路线。不论国际关系发生何种结构性变化，小国始终只能通过谋求在某些功能性领域的成功来显示自己的国际地位。在"罗瓦涅米进程"中，将议程限定在环保领域、谨慎行事绝不冒犯大国是芬兰的底线。所以芬兰外长在收到了玛丽·西蒙的来信后，经过广泛讨论和慎重考虑，仍然决定不能主动给予原住民参与北极环保治理的权力。他拖了三个月才给玛丽回信，并且抄送给其他北极国家政府，表示芬兰愿意将"因纽特人北极圈理事会"作为观察员，但是这个问题需要所有北极国家共同考虑。而他回信的时候正值拟于耶洛奈夫召开的第二次会议前夕，所以是否允许原住民参与"罗瓦涅米进程"更多地取决于加拿大的态度了。也正是在加拿大举行的这次会议上，原住民开始参与到关于北极环境治理的讨论中。

作为"因纽特人北极圈理事会"的主席，玛丽·西蒙与加拿大政府印第安事务与北部发展部非常熟悉，而且因为摩尔曼斯克讲话中提到了原住民的利益，她也利用此契机，在 1988 年飞往莫斯科会见戈尔巴乔夫，并获得允许使苏联的因纽特人得以与其他地区的因纽特人团聚并加入"因纽特人北极圈理事会",推进了苏联原住民参与国际事务的步伐。1990年4月18日,"罗瓦涅米进程"的第二次重要会议在加拿大北部的耶洛奈夫(Yellowknife)举行。玛丽·西蒙因为与印第安事务与北部发展部交好而得以代表"因纽特国际会议"以观察员身份列席会议。其间,她打断会议进程进行发言,提出原住民亟待改善的生存状况和不被重视的现实,并离开会场向守候在会议门外的加拿大广播公司(Canadian Broadcasting Corporation,简称CBC)记者表明立场,迫使主持会议的加方官员同意"因纽特人北极圈理事会"作为正式代表参加会议。这是原住民参与北极事务的一个历史性时刻——原住民组织得以与北极各国代表一道平等地坐在会议席间就北极问题进行讨论。自此以后,原住民对北极事务的参与逐步深入。

同样在这次会议上,主持会议的加拿大官员基于加拿大国情提出了建立"北极环保战略"的草案,其中包括保护北极地区环境、对北极地区的资源进行可持续的利用、支持原住民的价值观等内容。以此草案为基础,1991年6月12日在罗瓦涅米举行的会议收获了"罗瓦涅米进程"的最终成果——各与会方正式签署了"北极环保战略"。这一成果是在国际形势风起云涌,各种势力错综复杂的环境中取得的。就在这次会议开幕之际,苏联传来了叶利钦政变的消息,在苏联分裂成若干国家的过程中,苏联在"北极环保战略"中的代表权问题、苏联境内相关的原住民问题等变得混乱起来。大大小小的非政府组织强烈要求参与"北极环保战略",环保组织对原住民猎杀动物的生活方式极端反对,因而与原住民组织处于矛盾的立场。美国在此进程中一贯态度消极,甚至是一股消解的力量:它派出了驻芬兰大使而非部长级官员参加会议,表示不能给予"北极环保战略"任何财政支持,而且在会议的最后时刻提出让大型环保组织作为观察员参与"北极环保战略"。尽管如此,芬兰在加拿大等国的支持下,以高超的斡旋能力确保了会议协议的最终签署。

会议正式签署的宣言包括四个重要分支:最重要的是"北极监控评估项目"(Arctic Monitoring Assessment Program,简称AMAP),挪威为此提供了重要的财力和人力支持,致力于有机污染物、石油、重金属、放射性物质和酸化等主题的研究。"保护北极动植物"(Conservation of Arctic Flora and Fauna,简称CAFF)、"保护北极海洋环境"(Protection of the Marine Environment in the Arctic,简称PAME)、"紧急情况的预防、准备和反应"(Emergency Prevention, Preparedness and Response,简称EPPR)等项目也在酝酿发展中。"北极环保战略"从1987年10月的摩尔曼斯克讲话开始酝酿到1991年6月正式签署[1]。"北极环保战略"是北极八国部长级别的首次协调行动,原住民组织也首次参与到北极国家的部长级会议中,这些良好的开端在日后北极治理当中将得到进一步的深化。

第二节 北极理事会议程的产生

在冷战即将结束的背景下,芬兰作为一个小国只能采取"功能主义"的外交路径,"北极环保战略"将其议事和活动范围严格限定在科学领域,为的就是尽一切可能避开美国的反对意见。作为中等强国的加拿大则不同。"当芬兰人不失时机地发展了科学导

---

[1] Thomas S. Axworthy, "Changing the Arctic Paradigm from Cold War to Co-operation," a paper prepared for the Fifth Polar Law Symposium, Arctic Center, Rovaniemi, Finland, September 2012, p. 4, retrieved on June 1, 2016, from http://gordonfoundation.ca/sites/default/files/publications/Changing%20the%20Arctic%20Paradigm%20from%20Cold%20War%20to%20Cooperation_Paper%20(FINAL)_0.pdf.

第五章 "行为路径"外交案例：北极理事会的成立

向的北极环境论坛，加拿大人明确地表示科学是不够的。他们坚持不懈地为一种更宽泛的、综合的路径论辩，这种路径反映了冷战后的北极新的可能性以及北极国家面临的更大挑战——更重要的是反映了北极人民面临的挑战，从南部的污染物、日益缩小的北极冰盖，到众多北极社区落后的健康和社会状况。"[1]

加拿大的这种努力就是提出和推动成立北极理事会并进行相关的区域治理的过程。这代表了一种超越"功能路径"的"行为路径"外交。加拿大的议程是加拿大内部自生的，而不是为了某些外部的利益而进行的功能性的活动。服务于北极地区原住民福祉，旨在解决区域问题，同时能够使全球从中受益的北极理事会议程是典型的"世界好公民"行为；为了推动北极理事会的议程，加拿大必须与北极各国以及原住民及非政府组织等开展多边外交；在开展多边外交过程中，由于各方的立场和利益的矛盾，加拿大不得不从中斡旋，以最大程度上形成共识，推动议程向前发展。尤其值得一提的是，北极理事会议程的产生是一个自下而上的过程：首先由加拿大的非政府组织、政治积极分子、学者、原住民领袖等公民社会力量提出，然后由他们游说加拿大政府接受这一议程。

加拿大的政治活动家、学者、原住民领袖、非政府组织等形成合力，提出了北极区域治理的议程——区域安全和原住民福祉是其两大核心。他们通过不断游说，逐步向政府渗透了这些议程，使得马尔罗尼政府对此议程的态度由不温不火转为积极支持。然而，由于美国对此议程的反对——尤其是区域安全议题的强烈反对，加上其他各种条件不成熟，北极理事会的议程在马尔罗尼政府时期并没有取得实质性的突破。

---

[1] John English, *Ice and Water: Politics, Peoples, and the Arctic Council* (Toronto: Allen Lane, 2013), p. 253.

一、加拿大的公民社会产生了北极理事会的议程

早在"曼哈顿"号危机以后,加拿大著名国际法律师马克斯韦尔·科恩(Maxwell Cohen)就提出了类似于北极理事会的想法。在冷战即将结束的背景下,加拿大的非政府组织、原住民组织、政治活动家、学者等组成的公民社会力量将这个北极区域治理的想法正式提上了议事日程。

非政府组织当中对北极理事会的成立贡献最大的是戈登基金会(Walter Gordon Foundation)[①]。作为活跃至今的支持北极区域研究的最重要的基金会,戈登基金会从冷战即将结束起就积极资助关于北极区域治理的研究,关于北极理事会的探索几度濒临失败的边缘,正是因为有了戈登基金会持续的支持才得以坚持下来。原住民组织中对北极理事会的成立起到最重要的推动作用的是"因纽特人北极圈理事会"。其两任主席玛丽·西蒙和罗斯玛丽·库普坦纳(Rosemarie Kuptana)都为争取和捍卫原住民权利起到至关重要的作用。这些机构在推动北极理事会成立的过程中所做的贡献将在下文中详细叙述,这些加拿大土生土长的领导群体和领导者产生了北极理事会这样的加拿大内生的议程。下文将体现这些主要的角色如何共同作用推动北极理事会的议程向前发展。政治活动家的代表首推汤姆·阿克斯沃西(Tom Axworthy)。他长期在哈佛大学任教,在学界和政界都很有影响力,并深度参与旨在推动公共政策的革新和发展的戈登基金会的政策研究工作。1988年到1996年间任戈登基金会"北极(问题)指导委员会"(Arctic Steering Committee)主席。汤姆·阿克斯沃西是自由党价值观的坚

[①] 详见其网站信息:http://www.gordonfoundation.ca/。

定拥护者，曾是特鲁多总理的主要秘书（principal secretary），深度参与了 1982 年旨在改变原住民地位的宪法修订工作。他的哥哥劳埃德·阿克斯沃西（Lloyd Axworthy）长期在政府任职，并于 1996 年到 2000 年期间担任克雷蒂安政府的外交部长。在推动成立北极理事会的整个过程、尤其是需要游说加拿大政府的环节，他都起到了至关重要的作用。学者的代表是富兰克林·格里菲斯，他作为加拿大国内研究北极问题的一流专家，对北极问题有着深入研究。他在乔·克拉克（Joe Clark）担任马尔罗尼政府的外交部长期间，曾作为克拉克的主要政策顾问。他在与北极相关的重要事件中在媒体上频频发声，成为具有公众影响力的学者。作为推动北极理事会成立的核心领导者，他为坚持原住民权利起到了不可或缺的作用。加拿大的公民社会产生了两项关于北极治理的主要议程：一是实现军事安全，二是维护原住民福祉。

（一）北极地区军事安全

由于军备控制和北极问题都是戈登基金会关注的重要领域，戈尔巴乔夫 1987 年 10 月的讲话所提到的关于"北极和平区"（Arctic zone of peace）的概念立即受到了戈登基金会的关注，并为之立即行动起来。经过向相关的非政府组织以及加拿大各界精英的咨询——如知名外交官乔治·伊格纳季耶夫（George Ignatieff），最终确定资助一个旨在促进北极地区和平与发展的项目"北极安全项目"（Arctic Security Project），该项目从 1988 年一直持续到北极理事会的成立。在此项目的资助下，1988 年 10 月 26 日到 28 日，70 多位来自世界各国的科学家和学者齐聚多伦多，讨论北极地区的自然和社会问题。会议由格里菲斯主持，参会者包括诺贝尔物理学奖得主约翰·波拉尼（John Polanyi）等科学家、来自莫斯科的原住民代表、因纽特人北极圈理事会主席西蒙等。各界都持以开放和合作的态度，支持科学合作以及和平的目标。会议论文集的题目是《北极的选择：北半球的文明或军事主义》（Arctic Alternatives: Civility or Militarism in the Circumpolar North），当时各界对于"北极和平区"的建立充满信心。

戈登基金会后来成立了"北极（问题）指导委员会"，其雄心是建立一个处理北极国家间安全与合作问题的机制。汤姆·阿克斯沃西担任主席、负责为项目的发展持续筹款。格里菲斯负责拟议中的北极理事会的总体设计。约翰·朗姆（John Lamb）所领导的"加拿大武器控制及裁军中心"（Canadian Center for Arms Control and Disarmament）专注于北极地区的安全问题。约翰·梅里特（John Merritt）领导的"加拿大北极资源委员会"（Canadian Arctic Resources Committee）和西蒙领导的因纽特国际会议着重研究北极的区域治理。保守党政府的两位进步人士负责及时通报政府的情况，并在必要的时候对政府要员进行游说，他们是：马尔罗尼的主要政策顾问和设计师、约克大学经济学家查尔斯·麦克米兰（Charles McMillan）和马尔罗尼政府主管交流的高级助理比尔·福克斯（Bill Fox）。

（二）北极地区原住民福祉

1990年4月4日，"北极理事会工作组"（Arctic Council Panel）成立，由格里菲斯和时任因纽特国际会议的副主席罗斯玛丽·库普坦纳共同担任主席。原住民问题被纳入北极理事会的重要议事日程。格里菲斯领导的"北极理事会工作组"在加拿大武器控制及裁军中心、加拿大北极资源委员会和因纽特国际会议的支持下和戈登基金会的资助下，着手撰写有关成立北极理事会的报告。1990年10月，题为《建立一个北极安全与合作的理事会：行动建议书》的报告出台。报告指出，北极地区最重要的资源不是石油或天然气而是原住民。北极地区原住民彼此之间的共同之处超过了其与本国南方的国民,北极不同国家的原住民区域性组织之间的联络已经蓬勃发展起来。北极国家的国内事务与跨国事务密切相连。北极地区仍然存在大量的海军和核武器,北极地区既不应该成为军事力量的战场也不应该成为核废料的垃圾站。类似"北极环保战略"这样的机构虽然能够为北极科学和环境问题收集信息,但由于其有限的使命,需要受到具有更加广泛的社会经济和军事议程的机构的指导。这个机构就是北极理事会,其成立恰逢其时,而加拿大正处在这一事业的领导位置。①

　　加拿大的原住民(尤其是因纽特人)是推动北极理事会成立的核心力量。加拿大的原住民人口的主要民族因纽特人在"因纽特人北极圈理事会"的组织下得到很好的保护,尤其是其两任主席玛丽·西蒙和罗斯玛丽·库普坦纳对原住民权益的执着追求,成为原住民组织与与加拿大政府的开拓性沟通的有力桥梁。在北极八国中,每个国家都有原住民群体,而唯独在加拿大可以形成原住民与政府之间的联盟,共同产生并且实施北极区域治理的议程,这是有原因的。加拿大的原住民人数在北极各国中并不是最多的。俄罗斯的原住民接近200万,美国阿拉斯加的原住民约60万,加拿大的原住民只有十几万。然而,加拿大的原住民却在加拿大政治中占有特殊地位:加拿大原住民所居住的北部地区在加拿大的民族认同中占重要地位,加拿大原住民是加拿大宣示北极地区主权的重要依据,自20世纪80年代开始的给予原住民土地所有权的"土地谈判"(land claim)大大提高了原住民在加拿大政治中的地位。

---

① Franklyn Griffiths, "Arctic Council Origins: A Memoir," March 20, 2011, retrieved on March 3, 2016, from http://www.gordonfoundation.ca/sites/default/files/images/Jan18%20-%20Griffiths_ArcticCouncilOrigins.pdf.

加拿大北部地区在其民族认同中非常重要。这与北极地区其他两个大国的情况形成强烈反差。美国的原住民群体在美国的政治文化中是非常边缘化的。俄罗斯的原住民数量众多，俄罗斯的北极地区通过能源开采等方式对俄罗斯经济的贡献巨大，但俄罗斯的原住民是政府压迫的对象。2012年，俄罗斯最重要的原住民组织"俄罗斯北方原住民民族联盟"（Russian Association of Indigenous Peoples of the North，简称RAIPON）竟然被政府宣布非法而强行关闭。[1] 而加拿大的情况则完全不同。正像加拿大国歌里唱得那样，加拿大人认为自己是一个"强大而自由的真正的北方国度"。不论是在加拿大国民的认识当中还是在加拿大艺术家的作品当中，加拿大的北方都是加拿大民族身份的象征。[2]

加拿大原住民群体对外交的重要性体现为，北方原住民是加拿大宣示在北极区域的主权的重要根据之一。加拿大政府以原住民在北极地区长期生活来作为其在北极地区拥有主权的根据。例如，1985年9月10日，加拿大外交部长乔·克拉克在加拿大众议院发表演讲，回应"极地海"事件所触发的加拿大国内对主权的争论时说："加拿大是一个北极国家。……从远古时代起，加拿大的因纽特人就使用并占有了这些冰川和陆地。加拿大政府的政策是保持加拿大在北极群岛的民族统一，并且确保加拿大对陆地、海洋和冰川不会消失也不会分割……完整的主权对加拿大的安全至关重要，对因纽特人和加拿大的国家身份至关重要。"[3] 这段官方言论显示了加拿大对北极地区的"这种主权主张是部分地基于

---

[1] "Hard Fought New Life for RAIPON," March 15, 2013, retrieved on March 3, 2016, from http://barentsobserver.com/en/society/2013/03/hard-fought-new-life-raipon-15-03.

[2] "Part I Identity and Knowledge," *Rethinking the Great White North*, eds. Andrew Baldwin et al. (Vancouver: UBC Press, 2011), pp. 19-84.

[3] Joe Clark, *House of Commons Debates* (September 10, 1985), p. 6463. Ken S. Coates et al., *Arctic Front: Defending Canada in the Far North* (Toronto: Thomas Allen Publishers, 2010).

原住民（对北极地区的）使用、权利和保护的"。[1] 而更为难得的是，加拿大政府在北极地区的这种主权主张得到了当地原住民的支持。当地原住民自发组织了"加拿大游骑兵"（Canadian Rangers）这种类似民兵的组织在北极地区巡逻，拥护加拿大政府，守卫自己的家园。[2]

1982年，加拿大修订后的宪法规定了承认原住民的各项权利以及与原住民的条约。此后，加拿大政府与原住民之间开始了关于"土地要求"（land claim）的谈判。这些都大大提升了原住民在加拿大的政治地位，原住民的领导力大大增强。玛丽·西蒙和罗斯玛丽·库普坦纳等原住民领导人就是在此背景下涌现的。与此同时，加拿大政府对原住民权利的认同程度大大提高，这为原住民争取自身权利创造了有利的政治环境。如前文所述，原住民对北极区域事务的最早参与是，1990年，玛丽·西蒙在加拿大耶洛奈夫的"北极环保战略"各国政府代表会议上打断会议进程，就原住民所面临的挑战慷慨陈词，迫使各国代表关注原住民问题。虽然在这之后，"北极环保战略"将原住民群体纳入伙伴之列，由于其被严格地定位在科学领域，并未把原住民福祉等社会问题纳入议程。北极理事会则对北极地区各类问题有着宽泛的关注，尤其是当地原住民福祉的议事日程，其创立者将原住民的参与看作北极治理中所不可或缺的。

二、北极理事会议程被加拿大政府接受

在加拿大的公民社会产生和推出北极理事会日程的过程中，

---

[1] Ken S. Coates et al., *Arctic Front: Defending Canada in the Far North* (Toronto: Thomas Allen Publishers, 2010), pp. 116–117.

[2] P. Whitney Lackenbauer, *The Canadian Rangers* (Vancouver: UBC Press, 2013).

他们也积极寻求加拿大政府的支持。马尔罗尼的保守党政府中有一些官员是原住民利益和北极区域治理的坚定拥护者，他们对加拿大政府接受北极理事会的日程起到了关键的影响作用。其中的代表是杰克·斯塔格（Jack Stagg）。他于1974年加入印第安事务与北方发展部，后来任助理部长。原住民问题是他的博士研究课题。他本人对于原住民有着深深的同情心和责任感，是马尔罗尼政府内原住民利益的最重要的推动者，在后来克雷蒂安政府时期与玛丽·西蒙一道代表加拿大与各方进行谈判并最终建立了北极理事会。

加拿大政府要想开展包括原住民问题在内的区域治理，必须开展多边外交，说服北极地区的其他国家。美国由于对军事安全相关的议程非常敏感，对原住民利益漠不关心而反对成立北极理事会，挪威基本上跟美国保持一致立场，芬兰由于是"北极环保战略"的积极倡导者而不情愿设立这个使命更加宽泛的机构，俄罗斯处于国家体制剧变的"阵痛"中而无暇顾及相关事务，其他北极国家随大流且最为顾忌美国的态度。所有这些，为推进北极理事会的成立设立了重重障碍。然而，作为中等强国的加拿大在冷战后，从自身的主张出发，即便面临美国的直接反对也坚持通过多边外交和斡旋来推行自己的主张，积极践行了中等强国的"行为路径"外交。虽然由于美国的强烈反对以及其他条件不足，北极理事会在马尔罗尼任期内未能成立，而且安全议题在美国的反对下逐渐淡化，可是到1993年马尔罗尼政府卸任的时候，原住民利益和北极区域治理已经成为加拿大政府，尤其是相关的核心部门印第安事务与北部发展部以及外交部的共识。这为克雷蒂安时期北极理事会的最终成立打下了坚实的基础。

如前文所述，汤姆·阿克斯沃西在"北极（问题）指导委员会"形成的初期就积极接触马尔罗尼的高级政策顾问查尔斯·麦克米兰和马尔罗尼政府主管交流的高级助理比尔·福克斯,与之沟通关于成立北极理事会的想法。在他们的积极影响下,在1989年11月马尔罗尼访问列宁格勒时,谨慎地提到了在北极国家间建立协调性会议的想法。

随着"北极理事会工作组"及其关于成立北极理事会的报告《建立一个北极安全与合作的理事会:行动建议书》的正式发布,对政府的相关游说工作进一步加强并取得了一定成效。在马尔罗尼的外交部长乔·克拉克的演讲写手拉里·黑根(Larry Hagen)以及查尔斯·麦克米兰的共同努力下,成立北极理事会的意向被写入1990年11月28日克拉克部长对加拿大和苏联的代表的一次会议的演讲中。克拉克在其讲话中表示,加拿大将在1991年于罗瓦涅米举行的"北极环保战略"成立大会上,提出建立北极理事会的动议,同时宣布,加拿大将为北极理事会提供资助。克拉克的表态是加拿大政府接纳北极理事会的重要一步。然而,这个声音一发出来就遭到质疑和反对。美国对于北极理事会拟包括与军事安全相关的议程坚决反对,甚至通知芬兰,假如加拿大在罗瓦涅米会议上提出成立北极理事会的提案,美国将拒绝参加此次会议,这将导致"北极环保战略"前功尽弃。在芬兰的斡旋下,加拿大虽然在罗瓦涅米会议上提出了北极理事会的动议,但是非常顾忌美国的态度,并对推进北极理事会的议程更加谨慎。

"北极理事会工作组"的领导者格里菲斯等通过给马尔罗尼写信和在报纸上发表文章等方式批评加拿大政府在推动北极理事会的问题上止步不前。然而,1990年的确是加拿大国内政治和国际政治的多事之秋。在加拿大国内,《米奇湖修宪协议》(Meech Lake Constitutional Accord)失败,马尔罗尼政府的民意调查结果一溃千里,克拉克也被马尔罗尼抽调离开外交部专门处理修宪危机。国际上,伊拉克入侵科威特,附属于苏联的波罗的海沿岸国家纷纷宣布独立。马尔罗尼政府所面临的执政危机和复杂国际形势使得他难以快速推动北极理事会的议程。然而，非政府组织和原住民领袖等没有松懈。1991年5月14日，"北极理事会工作组"发布了关于成立北极理事会的框架报告[①]，再次强调理事会对促进原住民福祉和区域和平的重要性。玛丽·西蒙也广泛游说，提出原住民直接参与北极理事会的管理工作。这些都使得美国政府十分反感。他们不愿意一个区域治理组织插手北极地区的军事安全事务，不愿意阿拉斯加的原住民干扰政府与相关业界已经形成的利益关系，不愿意刚刚成立的仅仅限于科学研究不问政治的"北极环保战略"被另一个新的区域性组织覆盖。

虽然美国强烈反对，但在加拿大国内，非政府组织的努力游说使他们与政府部门尤其是印第安事务与北方发展部越走越近。该部的新任部长汤姆·西顿（Tom Siddon）对原住民权利大力支持，而捍卫原住民权利的老将杰克·斯塔格也获得更大的权力。1992年3月，原住民领袖与政府官员开会共同制定推动北极理事会的战略。5月，在渥太华召开的由美国、俄罗斯、挪威、芬兰、瑞典、丹麦、冰岛等所有北极国家的代表参加的会议上，因纽特人北极圈理事会和因纽特女性组织等原住民组织也受邀参加。斯塔格在会议上强烈呼吁在北极理事会中给予原住民组织代表权，而与会的美国代表明确表示反对。

这次会议之后，加拿大政府资深的极地事务官员沃尔特·斯利普琴科（Walter Slipchenko）提出了原住民组织作为"永久参与方"（permanent participant）参与北极理事会的想法。"永久参与方"虽然没有北极地区主权国家那样决定性的议事权力，但比起"观察员"更能够参与所有的决策过程并且拥有更大的发言权。这

[①] Arctic Council Panel, "To Establish an International Arctic Council: A Framework Report," Canadian Arctic Resources Committee, Ottawa, 1991.

一概念受到加拿大政府的大力支持。1993年初，在印第安事务与北方发展部的资助下，原住民组织召开会议，与政府展开对话，就原住民组织参与北极理事会和北极理事会的成立问题达成共识。

1993年5月19日至20日，北极八国再次受邀来到渥太华，商讨北极理事会的成立事宜。因纽特人极地会议、萨米理事会（Saami Council）、俄罗斯北方原住民协会（Association of Aboriginal Peoples of Northern Russia）等原住民组织也受邀参加。美国的态度最为消极，其代表从与会之初就表示仅仅是来观察并且在会后汇报的。挪威在1992年5月推动成立的波罗的海国家间的"巴伦支海欧洲北极理事会"（Barents Euro-Arctic Council）中没有认可原住民的权利，因而也不支持其在北极理事会中"永久参与方"的提议。其他国家在没有美国支持的情况下也不支持相关提议。可以看出，"北极理事会工作组"的一个核心主张是原住民权利问题，而最初的另一个核心主张即北极区域安全问题已经淡出了讨论范围。在加拿大政府的强力推动下，5月20日，除美国之外的其他北极七国通过成立北极理事会的宣言草案。1993年秋天，加拿大大选在即，北极理事会的议程再次被搁置起来。

第三节 克雷蒂安政府推动北极理事会的成立

旨在捍卫北极地区的原住民利益，并围绕与原住民利益相关的环境保护、可持续发展等而进行区域治理的北极理事会是加拿大内生的外交议程。而践行这一议程的革命性成就就是：北极理事会将原住民福祉以及与实现原住民福祉相关的北极环境保护、可持续发展等彰显"世界好公民"的议程确立为北极区域治理的核心日程，并且使原住民参与到北极区域治理的实质工作中。这是加拿大的原住民群体与政府跟非政府组织、政治活动家、学者等共同发挥其"知识性领导力"和"开拓性领导力"进行不懈的双边外交和多边外交的结果。

原住民福祉得以进入加拿大政府的重要议程的一个原因是，以开放、包容、保护弱势群体为原则的"自由主义"在加拿大政治文化中的主导地位。① 正是由于这种自由主义的政治文化，加拿大的非政府组织、政治活动家等政府以外的"公民社会"的力量在加拿大政治中非常活跃，他们中的代表如戈登基金会等在原住民组织推进自身议程的过程中，给予了资金、政府资源和舆论等方方面面的帮助。然而，在推动北极理事会成立的过程中，1993年就任的让·克雷蒂安所领导的自由党政府更是提供了最有决定意义的支持。可以说，如果没有克雷蒂安的自由党政府对北极理事会全面而持续的支持，其中包括争取到的克林顿政府对北极理事会的支持，任命玛丽·西蒙为"加拿大北极及极地事务大使"（Canada's ambassador for the Arctic and circumpolar affairs），加拿大外交部长劳埃德·阿克斯沃西（Lloyd Axworthy）的鼎力支持和多方游说，加拿大印第安事务与北方发展部的持续资金支持以及以杰克·斯塔格为代表的骨干人员自始至终的投入——北极理事会就不可能成立。

虽然在成立北极理事会的合作过程中，原住民与加拿大联邦政府之间也不是没有矛盾。比如新被任命为北极及极地事务大使的玛丽·西蒙与原有的政府官员的矛盾，加拿大政府内在原住民问题上得到较多话语权和领导权的印第安事务与北方发展部（Department of Indian Affairs and Northern Development，简称 DIAND）与外交与国际贸易部（Department of Foreign Affairs and International

---

① Patrick James, *Constitutional Politics in Canada after the Charter: Liberalism, Communitarianism and Systemism* (UBC Press, 2011).

Trade，简称 DFAIT）之间的矛盾，玛丽·西蒙也曾因加拿大的原住民事务的领导权问题与加拿大环保部的科学家莱斯利·惠特比（Leslie Whitby）发生过矛盾。然而，加拿大原住民领导者与加拿大政府之间形成了比较稳固合力，通过多边外交来推进旨在实现原住民福祉的共同议程。在对北极各国和各个非政府组织开展多边外交以建立北极理事会的过程中，加拿大虽然放弃了最初提出的关于北极地区军事安全的议程，然而关于原住民的议程被坚持下来并且基本得到了实现。

一、获得美国对成立北极理事会的支持：军事安全议程的取消

在冷战结束后，由于俄罗斯处在社会混乱和经济下滑的困境中，只有作为全球霸主的美国得以在北极地区行使区域霸权。由于美国的反对直接影响北极地区其他国家的态度，美国的反对是加拿大成立北极理事会的主要障碍。加拿大历史学家约翰·英格利什（John English）在1993年到1997年北极理事会筹备成立的关键时期在加拿大议会供职，他将美国反对成立北极理事会的原因进行了归纳[①]：一是由于美国在历史上对于原住民群体不屑一顾，联邦政府不愿意原住民群体在权利和地位提升后对当地的资源开采等事务拥有发言权；二是担心可持续发展的概念太宽泛，其中包含的各种问题不利于美国管理本国的经济事务；三是美国政府想保持在北极区域的安全问题的控制，另外阿拉斯加在美国政治中的地位并不很重要，北极理事会可能与刚刚成立的"北极环保战略"产生机构重叠等。这几点都是美国反对北极理事会的重要

[①] John English, *Ice and Water: Politics, Peoples, and the Arctic Council* (Toronto: Allen Lane, 2013), pp. 188 – 193.

原因，其中一些原因，比如对"可持续发展"的概念应该更加清晰、与"北极环保战略"的结构融合问题的确是成立北极理事会过程中需要进一步厘清的问题。

然而，在这些原因中，美国最不能接受的就是北极理事会对区域安全事务的介入。虽然在冷战后的国际政治中传统安全的重要性下降了，但是刚刚经历了冷战的美国希望独霸世界安全议题，不欢迎挑战其霸权地位的任何行为。成立北极理事会的初衷来源于戈尔巴乔夫关于建立"北极和平区域"的摩尔曼斯克讲话，军事安全也是北极理事会最初倡导者的核心关切之一，而这也正是北极理事会的动议招致美国的强烈反对而迟迟不能得以推进的核心原因。正如"北极理事会工作组"的核心领导之一富兰克林·格里菲斯所回忆的那样，北极理事会的日程从萌芽到逐渐推进的过程伴随着安全议题的逐渐淡出，直至最后被放弃。[①] 安全议程的取消是加拿大的北极理事会倡导者从满怀希望的努力到逐渐醒悟的结果，也正是这个放弃成为了克雷蒂安政府赢得克林顿政府对北极理事会的支持的重要条件。

根据格里菲斯的回忆，在1989年3月戈登基金会所资助的北极安全项目开始的时候，项目负责人汤姆·阿克斯沃西将项目进展规划为三个阶段：第一阶段是用六个月时间影响加拿大政府的北极安全议程，第二阶段是用一年时间策划"北极和平与安全会议"，第三阶段是将北极融入全球安全，并囊括环境和经济等更广泛的内容。可以看出，这三个阶段都是围绕北极地区安全议题的。而美国对于任何插手安全问题的行动都坚决反对。格里菲斯领导的"北极理事会工作组"是这个项目的一个分支，最初是将安全

---

① Franklyn Griffiths, "Arctic Council Origins: A Memoir", March 20, 2011, pp. 4–13, retrieved on March 9, 2016, http://www.gordonfoundation.ca/sites/default/files/images/Jan18%20-%20Griffiths_ArcticCouncilOrigins.pdf.

议题和原住民福祉放在同等重要的位置。格里菲斯促成了 1990 年 11 月时任加拿大外交部长乔·克拉克在一次加俄会议上公开宣布加拿大将提出成立北极理事会的动议。然而，1991 年 1 月，加拿大外交部一份尚未解密的文件表明，加拿大政府认为北极理事会并不适合讨论军事安全问题。所以格里菲斯在 1991 年 1 月就北极理事会的发言中，将原住民问题放在首位，只是希望北极理事会"能够被允许讨论军事问题和非军事问题"。虽然军事议题在北极理事会的议程中的地位已经大大下降了，但格里菲斯希望用"讨论"（discuss）而不是"磋商"（negotiate）这样的字眼来为北极理事会争取到囊括军事议题的机会。即使如此，美国仍对北极理事会内任何对于安全议题的提及都坚决反对，对于原住民的重要地位也不认同。正如格里菲斯所分析的那样，在安全问题与原住民问题之间，"从长期来看，必须做出选择。最终，后继者们在安全问题上做出了妥协以确保原住民在理事会中的代表性"。[1]

1993 年 10 月，克雷蒂安领导的自由党政府击败保守党成功当选，立即为北极理事会的日程注入了活力。实际上在马尔罗尼政府当政时期，由于北极理事会的理念与自由党的执政价值观比较相通，自由党成员在在野期间就已经被充分地游说。克雷蒂安曾担任过印第安事务与北方发展部的部长，对原住民问题有着比较亲切的情感，他的第一届政府中就有两位议员是原住民。克雷蒂安政府的第一任外交部长安德列·威尔莱特（Andre Ouellet）及其助手迈克尔·皮尔逊（Michael Pearson）都是北极理事会和原住民权利的坚定拥护者。后者是加拿大历史上极受尊敬的自由党总理、

---

[1] Franklyn Griffiths, "Arctic Council Origins: A Memoir", March 20, 2011, pp. 7-8, retrieved on March 9, 2016, http://www.gordonfoundation.ca/sites/default/files/images/Jan18%20-%20Griffiths_ArcticCouncilOrigins.pdf.

诺贝尔和平奖得主莱斯特·皮尔逊（Lester Pearson）的孙子，是克雷蒂安政府中北极理事会最积极的推进者之一。在他们的共同努力下，玛丽·西蒙于1994年11月被联邦政府任命为北极及极地事务大使。西蒙在接受任命后的一次采访中表示，推动成立北极理事会是她就任后的第一项工作。[①]

美国方面的政局变化也为加拿大推进北极理事会的议程创造了有利条件。1992年，民主党人克林顿击败老布什成为美国总统。与前任不同的是，他和副总统戈尔都是坚定的环保主义者。由于北极环境恶化危及原住民赖以生存的环境，旨在倡导原住民福祉的北极理事会将环境保护列为其重要使命之一。美国政府虽然对切实改善原住民的状况，提高原住民的地位并不热衷，但是由于克林顿政府对于环境保护的热衷，对包括北极地区在内的环境保护成为克林顿政府所认可的北极理事会的议程，也成为北极理事会游说克林顿政府的重要突破口。1994年初，"加拿大北极资源委员会"（Canadian Arctic Resources Committee，简称CARC）的特里·芬格（Terry Fenge）就向美国环境政策办公室写信，申明北极地区环境保护及其与北极地区可持续发展的重要联系。[②] 然而，1994年3月从美国的非政府组织传出的《总统对北极政策的决策指导》（Presidential Decision Directive on Arctic Policy）草案表明，虽然在北极地区需要实行对环境有利的可持续发展，安全和防御仍然是冷战后美国的首要目标，美国需要确保在北极地区自由开

[①] Gordon Barthos, "New Envoy Tackles Challenge of Canada's Last Frontier," *Toronto Star*, November 25, 1994.

[②] Thomas S. Axworthy, "Changing the Arctic Paradigm from Cold War to Co-operation," a paper prepared for the Fifth Polar Law Symposium, Arctic Center, Rovaniemi, Finland, September 2012, p. 24, retrieved on June 1, 2016, from http://gordonfoundation.ca/sites/default/files/publications/Changing%20the%20Arctic%20Paradigm%20from%20Cold%20War%20to%20Cooperation_Paper%20(FINAL)_0.pdf.

展军事行动。①

美国对于北极安全问题不容商议的强硬立场，以及克林顿政府对环保和可持续发展事业的赞同使得加拿大方面逐渐下定了决心，以撤销安全议题为妥协条件换取美国对成立北极理事会以及原住民问题的支持。1995年1月，西蒙访问华盛顿，与美国政府官员和媒体进行了广泛交流，宣传成立北极理事会的必要性，同时暗示安全问题可以从北极理事会的日程上撤销。在即将到来的克林顿总统对加拿大的访问之前，加拿大外交部和印第安事务与北方发展部共同起草了一份关于成立北极理事会的提案：《关于成立北极理事会的讨论稿：八个北极国家的共同机遇》（Discussion Paper on the Establishment of an Arctic Council: A Collaborative Opportunity for the Eight Arctic States），安全问题没有再被提及。②1995年2月，克林顿总统访问加拿大，克雷蒂安总理由于在魁北克独立问题上受到克林顿的大力支持而与其建立起了良好的私人关系，他顺势与克林顿总统达成共识，决定在1996年春天成立北极理事会。

对于加拿大来说，放弃北极理事会的安全议程并不是一个轻率的决定。一个非常能够说明问题的例子是，在20世纪80年代末与"北极理事会工作组"在同一时期成立的、同样受到戈登基金会资助的"加拿大军控中心"（Canadian Center for Arms Control）[后来更名为"军控中心"（Arms Control Center）]。这是一个致力于北极地区军备控制的非政府组织。在约翰·兰姆的领导下，在其活跃的约五年时间里，召开各种会议约150次、出版了各种报告

---

① "Agenda for Sustainability in the Arctic", John English, *Ice and Water: Politics, Peoples, and the Arctic Council* (Toronto: Allen Lane, 2013), p. 201.

② 关于西蒙的华盛顿之行以及《关于成立北极理事会的讨论稿》，转引自John English, *Ice and Water: Politics, Peoples, and the Arctic Council* (Toronto: Allen Lane, 2013), pp. 202–204.

和政策建议等，成为早期推动北极区域治理议程的重要力量之一。然而，随着安全议题在北极区域治理议程中被取消，这个组织在1995年中期被关停了。[1] 放弃安全议程是若干像"加拿大军控中心"这样的组织、像约翰·兰姆这样的斗士屡战屡败的奋斗过程的最终选择。

在超级大国美国的强硬态度面前，放弃安全议程不失为作为中等强国且军事实力极弱的加拿大为了实现自己区域治理的目标的明智选择。正如北极理事会创始人之一汤姆·阿克斯沃西所指出的那样，对于北极理事会这种"孵化式"的体制创新模式来说，放弃美国所强烈反对的安全议程是走向顺利发展的关键一步。[2] 事实证明的确如此，在获得放弃安全议程的妥协后，美国在其反对的其他问题上，如提高原住民地位、可持续发展等问题上多多少少做出了让步。虽然此后美国对于推进成立北极理事会的态度也并不积极，这从其数次临时更换谈判代表可见一斑，然而来自总统的承诺成为谈判几度陷入僵局时的救命稻草。

二、北极理事会的成立：其他议题领域搁置争议

自1990年4月北极理事会工作组成立开始，到1990年11月加拿大外交部长宣布将由官方正式提出成立北极理事会的动议，

---

[1] John Lamb, "Early History of the Arctic Council," Gordon Foundation, October 20, 2010, retrieved on June 6, 2016, from http：//www.gordonfoundation.ca/sites/default/files/images/EARLY%20HISTORY%20OF%20THE%20ARCTIC%20COUNCIL%20%20final.pdf.

[2] Thomas S. Axworthy, "Changing the Arctic Paradigm from Cold War to Co-operation," a paper prepared for the Fifth Polar Law Symposium, Arctic Center, Rovaniemi, Finland, September 2012, p. 5, retrieved on June 1, 2016, from http：//gordonfoundation.ca/sites/default/files/publications/Changing%20the%20Arctic%20Paradigm%20from%20Cold%20War%20to%20Cooperation_Paper%20(FINAL)_0.pdf.

到 1993 年 5 月 20 日除美国之外的北极七国就成立北极理事会达成共识并通过宣言草案，到 1995 年 2 月美国总统克林顿与加拿大总理克雷蒂安达成协议决定在 1996 年春天成立北极理事会。北极理事会的议程已经向前推进了很多，尤其是 1995 年 2 月克林顿总统支持成立北极理事会的声明是这个过程中的重大突破。然而，从 1995 年 2 月到 1996 年 9 月 19 日北极理事会正式宣告成立这段时间里，各国在非政府组织参与北极理事会、可持续发展、北极理事会的机构设置等三大问题领域实际上仍然分歧严重。加拿大的原住民群体和政府的谈判代表以及加拿大官方和非官方的力量通力合作，通过坚持不懈的磋商和斡旋，促成各方搁置争议，先成立北极理事会这一区域治理组织，再就相关问题进行商议。在北极理事会时，加拿大在这三个问题上基本实现了最初的议程，其在区域治理领域的领导力已经初见端倪。

（一）非政府组织的参与的问题

希望参与北极治理的非政府组织除了原住民组织以外，还有来自美国和加拿大的环保组织。在原住民群体中，除了对成立北极理事会十分活跃的"因纽特人北极圈理事会"以外，还有北极地区其他的原住民组织。环保组织和希望参与北极治理的其他原住民组织与从一开始就参与北极理事会创立的原住民组织（如"因纽特人北极圈理事会"）之间都是竞争关系。然而，最终，在加拿大政府与加拿大的原住民领袖（如"因纽特人北极圈理事会"主席玛丽·西蒙等）的影响下，环保组织被排斥在了北极理事会的重要参与方之外，原住民组织当中也只有包括"因纽特人北极圈理事会"在内的三个组织在北极理事会成立时获得了"永久参与方"的地位。

北极地区的原住民组织与各国环保组织的矛盾由来已久。北极原住民的捕鲸行为和皮毛贸易曾遭到过欧洲环保组织的诟病，在克林顿总统宣布支持成立北极理事会后，美国的环保组织也开始强烈要求成为北极理事会的"永久参与方"，以监督妨害北极地区环境的行为。"绿色和平组织"（Greenpeace）等环保组织与美国民主党政府有着密切联系，还希望将新近在南极取得成功的环保策略运用到北极地区。西蒙对此强烈反对，她说："北极与南极不同，……许多北方居民生活在悲惨的条件下"，"那些环保主义者把北极地区浪漫主义化、认为北极地区一尘不染，受到了开矿、捕猎和其他人类活动的威胁，那些自以为在拯救海豹和鲸鱼的南方政治家们，他们实际上是无知的"。[1] 西蒙等原住民领袖在北极理事会的各种筹备活动中，对"世界野生动物基金会"（World Wildlife Fund）等环保组织一律持排斥态度，双方的胶着状态一度使得北极理事会的进程停滞不前。[2] 然而，由于加拿大政府的印第安事务与北方发展部对于原住民福祉的坚定支持，环保组织最终被排除在北极理事会的核心决策层之外，只有原住民组织有机会成为"永久参与方"，而环保组织最多只能以"观察员"身份参与。

1992年的"里约地球峰会"（Rio Earth Summit）使得北极地区的原住民组织得以蓬勃发展起来。其他原住民群体开始对"因纽特人北极理事会"在北极理事会中的统治地位略有微词。美国为了提高其本国原住民在北极理事会的地位，提出阿拉斯加地区的阿留人（Aleuts）和阿萨巴斯卡人（Athabaskans）也必须作为"永久参与方"参与北极理事会。可是由于西蒙对因纽特人在北极理事会的领导权的强势维护，美国的提议被暂时搁置，很多原住

---

[1] John English, *Ice and Water: Politics, Peoples, and the Arctic Council* (Toronto: Allen Lane, 2013), p. 216.

[2] Ibid., p. 210.

民组织的参与也受到限制。在北极理事会成立时，在原住民组织中，只有因纽特人北极圈大会、萨米族理事会和俄罗斯联邦远北、西伯利亚和远东原住少数民族协会（后更名为"俄罗斯北方原住民民族联盟"，Russian Association of Indigenous Peoples of the North，简称 RAIPON）得以跻身最初的"永久参与方"。

（二）"可持续发展"问题

"可持续发展"往往是指经济发展需要和环境的资源的保持和保护结合起来。然而，当需要将此概念落到政府间协议的时候，代表美国敲定《北极理事会成立宣言》的总代表塔克·司格力（Tucker Scully）认为，加拿大从来也无法清晰解释其究竟是什么。[1] 美国担心这个概念过于宽泛而触及国内的经济管理问题以及各类难以预计的问题。

然而，摆在北极地区原住民面前的经济和社会问题是严峻的。以加拿大的北极地区原住民为例，其失业率几乎是加拿大国家平均失业率的四倍，未接受中等教育的人口数量比例是全国同比的两倍。北极地区约四分之一的房屋条件在加拿大住房标准（意思是不需要重大修缮可以居住）以下，平均预期寿命比全国平均水平少八岁，暴力、自杀、吸毒、酗酒等比例都高于全国平均数，可传播疾病如肺结核的比例是全国平均水平的 6—11 倍、感染 HIV 的人数占全国总登记数的 12.9%。[2] 虽然北极地区的环境保护问题也十分重要，但是原住民所面临的这些问题是不能由环保措施来解决的，而是需要融入了环境保护的总体发展战略。

---

[1] John English, *Ice and Water: Politics, Peoples, and the Arctic Council* (Toronto: Allen Lane, 2013), p. 191.

[2] Wilfrid Greaves, "For whom, from What? Canada's Arctic Policy and the Narrowing of Human Security," *International Journal*, LXVII (Winter 2011–12), p. 228.

美国代表威尔·马丁（Will Martin）在1996年3月于渥太华召开的会议上，对来自加拿大印第安事务与北方发展部的北极高级官员（Senior Arctic Official，简称SAO）杰克·斯塔格说，美国不喜欢有环境保护和可持续发展两个重心，在主张环境保护的"北极环保战略"的基础上再提出可持续发展是一种机构膨胀。对此，斯塔格说"北极环保战略"的使命太窄，而北方原住民迫切需要改善其生存状况，需要把环境保护与经济发展和教育、卫生以及社会问题的解决结合起来，"北极环保战略"的各个工作组可以合并到北极理事会当中。[1] 1996年4月17日，在北极理事会成立前夕的一次重要会议上，关于"北极可持续发展行动"（Arctic Sustainable Development Initiative）的讨论陷入僵局，挪威对其强烈质疑，认为北极理事会下的环保事业不会像已经成形的"北极环保战略"那样良性发展。[2] 对此，斯塔格的回应是，希望先成立北极理事会，再就具体细节问题进行讨论。斯塔格的主张最终得到了认可，《北极理事会成立宣言》"确认我们对北极地区的可持续发展负有责任，包括经济和社会发展、健康状况提高、文化福祉；同时确认我们对北极环境保护负有责任，包括北极生态系统的健康、维护北极地区的生物多样性、保护并实现自然资源的可持续利用；认识到《北极环境保护战略》对这些责任的贡献"，[3] 而关于可持续发展项目及其与"北极环保战略"合并的具体事宜则在北极理事会成立后的两年内逐渐成形。

---

[1] John English, *Ice and Water: Politics, Peoples, and the Arctic Council* (Toronto: Allen Lane, 2013), p. 223.

[2] Ibid., p. 227.

[3] "Declaration on the Establishment of the Arctic Council" (September 19, 1996), retrieved on June 6, 2016, from http://www.international.gc.ca/arctic-arctique/ottdec-decott.aspx?lang=eng.

(三) 北极理事会的规制问题

为了给自己的行动尽量少的约束并减少必须支出的费用，美国不希望北极理事会成为一个正式的国际组织，而是希望它成为类似"亚太经合组织"（Asia Pacific Economic Cooperation，简称APEC）这样的国际论坛。[1] 美国的主张得到了满足，北极理事会在成立时被"作为一个高级别论坛"[2]。然而，这个论坛的具体组织结构被留到北极理事会宣布成立之后商议。

在各方因为上述各种问题而僵持不下时，若不是加拿大外交与国际贸易部部长劳埃德·阿克斯沃西鼎力推动，北极理事会的进程极有可能功亏一篑。这进一步凸显了加拿大政府的外交能力及其在北极区域治理中的关键作用。劳埃德·阿克斯沃西是戈登基金会所资助的"北极（问题）指导委员会"主席汤姆·阿克斯沃西的哥哥，对北极理事会的议程早已熟知并且真心拥护。他于1996年1月出任外交部长，他在外交方面具有很多革命性的理念[3]，北极理事会的议程与这些理念恰恰是相吻合的。劳埃德·阿克斯沃西认为随着冷战的结束，国家不再是国际关系的主体，主权是一个过时的概念，体现平民更广泛的社会经济利益的"人的安全"（human security）的概念应该替代军事安全成为新的安全观。北极理事会所倡导的原住民福祉的议程就是维护"人的安全"的体现。他还认为，包括非政府组织在内的加拿大的公民社会使得加拿大具有一种特殊的软实力，有助于加拿大开展国际交流、

---

[1] Evan T. Bloom, "Establishment of the Arctic Council," *The American Journal of International Law*, XCIII (July 1999), p. 721.

[2] "Declaration on the Establishment of the Arctic Council" (September 19, 1996), retrieved on June 6, 2016, from http://www.international.gc.ca/arctic-arctique/ottdec-decott.aspx?lang=eng.

[3] Fen Hampson, Norman Hillmer & Maureen Appel Molot, eds., *Canada among Nations* 2001: *The Axworthy Legacy* (Don Mills: Oxford University Press, 2001), pp. 67–68.

谈判、跨国组织、多边论坛等，逐步建立冷战后的国际新秩序。"因纽特人北极圈理事会"这样的非政府组织所推进建立的北极理事会被看做这种新的国际秩序的一部分。劳埃德·阿克斯沃西将北极理事会的建立作为外交与国际贸易部的重要议程，多次在众议院进行相关讨论，并且对相关的会议和活动予以资助。1996年6月8日，就在北极理事会成立前夕，当美国仍然反对原住民组织作为"永久参与方"参与北极理事会、杰克·斯塔格和玛丽·西蒙以放弃北极理事会相威胁时，是劳埃德·阿克斯沃西等人动用其在美国的各种关系连夜游说才得以使美国做出让步。[1]

《北极理事会成立宣言》终于于1996年9月19日正式签署（宣言译文见附件）。如前文所述，宣言内容对于上述的三个问题领域做出了回应，但是由于这项声明内容太过空泛，对太多问题没有做出明确规定，在1996年到1998年加拿大任北极理事会第一任主席国期间，主要精力就花在建章立制方面。西蒙说，公众可能认为在那两年当中我们没做多少事情，但实际上我们全天候地工作以完成在前期为了使谈判有阶段性成果而推迟的事宜。[2] 在加拿大担任北极理事会首任主席国的两年时间里，北极理事会就可持续发展问题、机制问题等持续进行多方谈判，直至达成协议，该协议获得了北极各国的部长批准，成为1998年的《伊卡璐伊特宣言》（Iqaluit Declaration）。[3]

---

[1] John English, *Ice and Water: Politics, Peoples, and the Arctic Council* (Toronto: Allen Lane, 2013), p. 234.

[2] Stig Brøndbo, "Interview with Mary Simon", University of Arctic, 2016, retrieved on June 6, 2016, from http://www.uarctic.org/shared-voices/shared-voices-magazine-2016-special-issue/interview-with-mary-simon/.

[3] Evan T. Bloom, "Establishment of the Arctic Council," *The American Journal of International Law*, XCIII (July 1999), pp. 712–722.

第五章 "行为路径"外交案例：北极理事会的成立

小　　结

以"斡旋、多边主义、世界好公民"为典型外交行为的"行为路径"在北极理事会的成立过程中得到充分体现。北极理事会的成立过程，就是通过与相关的多个行为体进行沟通和斡旋，以建立区域治理机制来捍卫原住民利益、实现北极地区的环境保护和可持续发展等有利于区域和全球福祉的议程的过程。在这个过程中，加拿大与北极各国和各非政府组织的谈判斡旋以建立区域治理机制的过程都是多边主义外交的典型体现。加拿大开展的这种"多边外交"是从自己内生的议程出发，游说和说服各方共同参与进来，这一过程本身就体现了这一阶段的加拿大北极政策的高度的独立自主性。对美国的妥协并没有动摇加拿大初始的议程，而美国是受到加拿大的动员加入到加拿大所倡导的区域治理议程中来的。不仅如此，加拿大在冷战后这个阶段的多边外交还可以说是具有"新多边主义"的色彩。新多边主义认为"一种在全球层次上起始于基层市民社会的自下而上的多边主义才是真正民主的多边主义"[1]。旧多边主义是以政府主导的自上而下的过程，而新多边主义是以公民社会主导的自下而上的过程。因为建立北极理事会的想法并非源自加拿大政府，而是源于加拿大的公民社会、通过加拿大的公民社会游说加拿大政府来推动的，成立北极理事会的过程正是新多边主义外交的体现。由于新多边主义被认为具有更强的民主性，加拿大成立北极理事会的过程更加可以被看作是摆脱对美国的依赖性的典型例证。

---

[1] 秦亚青：《多边主义研究：理论与方法》，载《世界政治与经济》2001年第10期，第13页。

第六章
中加北极合作

加拿大北极政策的发展历程体现了其在北极地区的外交行为的独立性逐渐增强，对美国的依赖性逐渐减弱的趋势。近年来，北极对于中国的战略意义日益增强，加拿大在北极政策领域的独立性以及在北极地区的区域治理方面的影响力使其成为中国在北极地区值得深入合作的对象。本章力图就中国与加拿大在北极问题上可能合作的一些领域进行探讨，并说明中国和加拿大在北极事务上互为理想的合作伙伴。

第一节 背　　景

中国参与北极事务经历了一个过程，总体来说，中国参与北极事务的力度日益提升，政府对于北极问题的重视程度日益增强。中国是1920年《斯瓦尔巴德群岛条约》的缔约国，可以根据该条约规定进入挪威斯瓦尔巴德群岛区域开展科学考察活动。《联合国海洋法公约》被认为是北极地区的海洋宪章，是解决北极地区各种纠纷的根本法律依据。中国是其缔约方,依法享有其规定的各种活动权利,包括在北极地区核心的公海区域自由行动的权利。中国在极地科考方面成就斐然[1],中国对极地事务的参与始于南极,1983年即加入了《南极条约》,拥有四个南极科考站并进行了30次南极考察。中国是北极事务的"后来者",不过中国在北极的科考已经初见成就:2004年7月建立了北极第一个科学考察站"黄河站",迄今为止已经进行了六次北极科考[2],对北极高空物理、气候变化、生态、海洋等进行了研究,建立了初步观测体系,形成了素质较高的专家队伍。[3] 中国1996年正式加入北极科学委员会,2005年举办了北极科学高峰周会议,2004年与韩国、日本共同发起成立了极地科学亚洲论坛,2007年至2010年实施了"国际极地年"中国极地行动计划,开展了多个北极科研项目,来自美国、加拿大、俄罗斯、芬兰、冰岛、日本、韩国等国的科学家曾参加中国的北极科考。[4] 中国在北极的投入也超过了所有非北极国家。[5] 中国将自己在北极事务中的角色定位为"近北极国家"以及北极的"重要利益攸关方"[6],广泛参加了诸如北极理事会、巴伦支海欧洲北极理事会、极地科学亚洲论坛、欧洲北极论坛等各种区域治理机制,以及国际海事组织、大陆架界限委员会、联合

---

[1] Huigen Yang, "Development of China's Polar Linkages," *Canadian Naval Review*, VIII (Fall 2012), pp. 30–32.

[2] 详细信息见"中国极地研究中心"官方网站:http://www.pric.org.cn/detail/category.aspx? c =6。

[3] 唐国强:《北极问题与中国的政策》,载《国际问题研究》2013年第1期,第23页。

[4] 贾桂德、石午虹:《对新形势下中国参与北极事务的思考》,载《国际展望》2014年第4期,第21—22页。

[5] 宋黎磊:《北极治理与中国的北极政策》,载《国外理论动态》2015年第8期,第115页。

[6] 阮建平:《"近北极国家"还是"北极利益攸关者":中国参与北极的身份思考》,载《国际论坛》2016年第1期,第47—52页。

国政府间气候变化专门委员会等国际性的与北极治理有关的机制。① 此外，在中国与北极国家的双边合作方面，中国与冰岛在2012年签订了旨在深化双边北极合作的《北极合作框架协议》，然而中国和加拿大之间类似的双边协议尚不存在。

中国对于北极问题的最新、最全面的官方表达来自2015年10月"第三届北极圈论坛大会"上的发言。外交部部长王毅表明了中国对于北极问题的"尊重、合作、共赢"三大政策理念②，外交部副部长谈到了六项政策主张：一是推进探索和认知北极，二是倡导保护与合理利用北极，三是尊重北极国家和北极土著人的固有权利，四是尊重北极域外国家的权利和国际社会的整体利益，五是构建以共赢为目标的多层次北极合作框架，六是维护以现有国际法为基础的北极治理体系。③ 由于中国政府尚未发布类似于加拿大的《北方战略》或者《加拿大北极外交政策声明》的关于中国北极政策的权威文件，上述发言的内容将被作为下文讨论中国与加拿大就北极问题展开合作的潜在领域的依据。

第二节 合作潜力

如果将中国外交部的"中国的北极活动与政策主张"和中外

---

① 贾桂德、石午虹：《对新形势下中国参与北极事务的思考》，载《国际展望》2014年第4期，第21—22页。

② 《王毅：中国秉承尊重、合作与共赢三大政策理念参与北极事务》，2015年10月16日，http://www.fmprc.gov.cn/web/wjbzhd/t1306851.shtml，上网时间：2016年6月6日。

③ 《中国的北极活动与政策主张》，外交部副部长张明在"第三届北极圈论坛大会"中国国别专题会议上的主旨发言，2015年10月16日，http://www.fmprc.gov.cn/web/wjb_673085/zzjg_673183/tyfls_674667/xwlb_674669/t1306852.shtml，上网时间：2016年6月6日。

学者的观察[1]结合起来，不难发现中国在北极的议程集中在两个方面：一是参与北极治理，二是在具体议题领域参与北极事务。在这两方面中国和加拿大都有广阔的合作空间。

一、中国与加拿大在北极区域治理方面的合作潜能

北极治理的"低政治性""软法性"和"分散性"这三个特点[2]为中国这个域外大国参与北极治理提供了巨大空间。一是"低政治性"，即北极治理集中在科学、环保、原住民等领域，如上所述，中国在科学和环保等硬科学领域有自身优势，在原住民问题上有待发展但并无明显障碍。二是"软法性"，即北极不会出现类似《南极条约》这样有强制力的国际法，而更多的是无约束力的宣言或协定等，这为中国这个北极地区的域外国家以及北极事务的后来者提供了通过外交努力不断深入参与北极问题的可能。三是"分散性"，即各种协定多为解决某个具体问题制定、彼此之间相互分离独立，目前北极治理中悬而未决的议题领域很多，这为中国在具体问题上取得突破提供了可能。中国参与北极治理的努力体现在两个层次上：法律层次和区域治理层次。虽然加拿大与其他北极国家一样，对于域外国家参与北极治理持戒备态度，但是中国参与北极事务的态度和能力以及加拿大在北极事务中政治博弈的需要使得中加双方互为北极事务方面的理想合作伙伴。

国际法为北极治理提供了法律依据。"北极治理法制化是对全

---

[1] 肖洋：《北极理事会视域下的中加北极合作》，载《和平与发展》2015年第2期，第96页；唐国强：《北极问题与中国的政策》，载《国际问题研究》2013年第1期，第23—25页；Linda Jacobson & Jingchao Peng, "China's Arctic Aspirations," *SIPRI* (*Stockholm International Peace Research Institute*) *Policy Paper* 34 (November 2012), pp. 10–18.

[2] 孙凯、郭培清：《北极治理机制变迁及中国的参与战略研究》，载《世界经济与政治论坛》2012年第2期，第122—123页。

球治理法制化的顺应和体现",目前,北极地区已形成了全球层面法律(如《联合国海洋法公约》)、多边层面法律(如《斯瓦尔巴德条约》)、双边层面协定(如美加《北极合作协定》)、国内法(如加拿大的《北极水域污染防治法》)等共同建构的"多维度北极治理机制群"。[①] 在其中,加拿大一直发挥着重要的建设作用。有很多法律问题都与加拿大和中国切实相关,这些问题的解决也不可避免地需要各国一道努力完成,如"北方海航道、西北航道的法律地位问题和外国船只的航行权问题;《联合国海洋法公约》第234条关于'冰封区域'的适用范围以及该条款与公约中国际航行海峡的通行制度之间的关系;挪威与《斯瓦尔巴德条约》其他缔约国之间关于专属经济区划分、资源利益划分等问题"[②]。

中国已经认识到北极理事会在北极区域治理中起到核心作用。外交部副部长张明对现有的北极治理体系作如下表述:"中方支持在现有国际法的框架下推进北极治理,认同北极理事会在北极治理中的重要地位,支持国际海事组织等其他国际平台在北极治理中发挥积极作用。"[③] 可以看出,北极理事会被置于比国际海事组织更加重要的地位。挪威对《斯瓦尔巴德条约》中所规定的斯瓦尔巴德群岛享有充分主权且一直是北极治理中最为积极的国家之一——中国前任驻挪威大使唐国强更加明确指出"北极理事会是最重要的区域政府间论坛"。[④] 北极理事会增设新的工作组和副部长级会议,设立常设秘书处,进一步明确观察员的准入资格,陆

[①] 王晨光:《北极治理法制化与中国的身份定位》,载《领导科学论坛》2016年1月,第77—79页。

[②] 王晨光:《北极治理法制化与中国的身份定位》,载《领导科学论坛》2016年1月,第84页。

[③] 《中国的北极活动与政策主张》,外交部副部长张明在"第三届北极圈论坛大会"中国国别专题会议上的主旨发言,2015年10月16日,http://www.fmprc.gov.cn/web/wjb_673085/zzjg_673183/tyfls_674667/xwlb_674669/t1306852.shtml,上网时间:2016年6月6日。

[④] 唐国强:《北极问题与中国的政策》,载《国际问题研究》2013年第1期,第21页。

续出台正式法律文件，其"机制化、法律化日趋加速"。① 2013 年，中国取得了北极理事会观察员资格。如前文所述，加拿大是北极地区区域治理的核心机构北极理事会的创始国，其出色的国际法领域和外交领域的专业队伍使得加拿大拥有了在北极区域治理领域的"知识性领导力"和"开拓性领导力"，奠定了加拿大在北极治理领域的重要领导地位，深化与加拿大的合作会为中国参与北极的区域治理提供诸多便利。

在区域治理领域，"北极国家对非北极国家讨论北极治理心存疑虑"②，所以，当中国希望以"近北极国家"的身份参与北极事务时，必然引起作为北极区域强国的加拿大的排斥。③ 这一点从北极五国关于重申北极国家主导北极事务的《伊卢利萨特宣言》和北极理事会对于观察员准入的"努克标准"都能够凸显出来。然而域外国家参与北极治理是不可避免的。因为北极地区除了北极八国的领土、领海、专属经济区以外，还有着面积广阔的公海，这是属于全人类的，而且北极区域的环境、资源、科考、航运等问题具有广泛的全球影响，域外国家无法置身事外。

如果在某些议题领域与域外国家合作在所难免，中国不失为加拿大很好的选择，这是由加拿大与北极域内大国和北极域外国家的政治博弈决定的。从北极地区域内的大国博弈来看，加拿大虽然是北极地区的区域强国，但是与美国和俄罗斯相比毕竟是中等强国。加拿大虽然有治理北极地区的雄心，但是难免受到两个霸权的掣肘，并且加拿大在北极地区的主权基础还不十分稳固，

---

① 程保志：《试析北极理事会的功能转型与中国的应对策略》，载《国际论坛》2013 年第 3 期，第 44—46 页。

② 唐国强：《北极问题与中国的政策》，载《国际问题研究》2013 年第 1 期，第 20—21 页。

③ 柳思思：《"近北极机制"的提出与中国参与北极》，载《社会科学》2012 年第 10 期，第 32 页。

这也成为加拿大在北极地区影响力的减分项。而新兴大国中国作为美国和俄罗斯最大的贸易伙伴国，是美俄两国都有所顾忌的对象；假如加拿大在北极区域治理中与中国交好，能够为其在北极区域问题上周旋于美俄两大国之间的时候增加砝码。从北极域外政治的角度考虑，欧盟自20世纪80年代末就因为北极地区的环保议题而希望积极投身北极的区域治理中，直到目前也是域外国家中北极事务最积极的参与者。然而欧盟由于曾禁止原住民的毛皮贸易而与加拿大，尤其是加拿大原住民群体之间结下宿怨，相比之下中国在历史上则与加拿大北极地区基本没有交集。由于加拿大原住民群体在加拿大内政以及北极区域治理的核心机构北极理事会中都拥有重要地位，中国相对于欧盟而言不太会引起原住民的反感因而是联邦政府的优先合作国。

二、中国与加拿大在北极地区具体议题领域的合作潜力

除了北极治理以外，正如外交部副部长张明在"第三届北极圈论坛大会"上所总结的那样[1]，中国主要在科研、环保、航运、资源开发、土著人事务等非传统安全领域参与北极事务，而这些领域都对加拿大有着重要的战略意义，中国和加拿大在这些领域都有着合作的基础。

"在科研领域，中国已建立起北极初步观测体系。中国积极参与北极科研合作，……科研是目前中国最主要的北极活动。"[2] 有

---

[1]《中国的北极活动与政策主张》，外交部副部长张明在"第三届北极圈论坛大会"中国国别专题会议上的主旨发言，2015年10月16日，http://www.fmprc.gov.cn/web/wjb_673085/zzjg_673183/tyfls_674667/xwlb_674669/t1306852.shtml，上网时间：2016年6月6日。

[2]《中国的北极活动与政策主张》，外交部副部长张明在"第三届北极圈论坛大会"中国国别专题会议上的主旨发言，2015年10月16日，http://www.fmprc.gov.cn/web/wjb_673085/zzjg_673183/tyfls_674667/xwlb_674669/t1306852.shtml，上网时间：2016年6月6日。

学者指出，对于中国而言，"应以科学考察为突破口和立足点。科考既是当前中国在北极治理中最为关切的利益之一，同时也是中国有效介入北极事务的最佳方式。域外国家在北极事务上的发言权和影响力，在很大程度上取决于该国以科研为主的北极知识储备的获取和转化能力"。[1] 对于加拿大而言，由于在北极地区的科研成果是其伸张在该地区的主权诉求的基础——比如加拿大需要基于其对海底大陆架的探测来提出对海底大陆架的主权主张，其有着充分的动力深入开展在北极地区的科学研究，然而，其科研经费却捉襟见肘。[2] 与中国在北极科考方面的合作有利于加拿大减少在科研方面对美国的依赖。[3]

"在环保领域，中国积极参加并认真履行《保护臭氧层维也纳公约》《气候变化框架公约》《生物多样性公约》等多项涉北极环保的国际条约。中国是第一个制定《应对气候变化国家方案》的发展中国家。促进环保在中国的北极工作中始终占据重要地位。"[4] 加拿大的北极地区正在经历着明显的气候变化，其中包括"（1）北极地区正快速变暖；（2）北极的植物群落发生迁移；（3）物种的多样性、范围和分布发生改变；（4）许多沿海地区和设施面临更多风暴潮袭击；（5）海冰减少可以增加海洋运输和资源开发的机遇；（6）冻土融化将破坏道路、建筑和其他基础设施；（7）土著居民的经济和文化受到严重冲击；（8）紫外线辐射水平

---

[1] 程保志：《北极治理论纲：中国学者的视角》，载《太平洋学报》2012年第10期，第70页。

[2] 朗斐德等：《加拿大面对的北极挑战：主权、安全与认同》，载《国际展望》2012年第2期，第127页。

[3] 朱宝林：《解读加拿大的北极战略——基于中等国家视角》，载《世界经济与政治论坛》2016年第4期，第153页。

[4] 《中国的北极活动与政策主张》，外交部副部长张明在"第三届北极圈论坛大会"中国国别专题会议上的主旨发言，2015年10月16日，http://www.fmprc.gov.cn/web/wjb_673085/zzjg_673183/tyfls_674667/xwlb_674669/t1306852.shtml，上网时间：2016年6月6日。

提高，影响人类、植物和动物；（9）多种影响连锁反应，加重对人类和生态系统的冲击程度"。① 并且这些变化正在引起重大的自然、社会和经济影响。中国和加拿大"两国高度重视且中国也已经开展研究的资源环境问题有：气候变化事实、冰雪冻土、水文资源变化、气象灾害、农业、水产畜牧业、海岸带保护"。② 两国在应对环境变化方面的努力已经超越了自身的国界，有潜力继续向纵深发展。

"在航运领域，中国建设性参加国际海事组织《极地规则》制定工作。中国的商船正探索利用北极航道。中国关注北极航道对全球航运乃至贸易格局的重大影响，愿以合作、务实的态度参与北极航道相关工作。"③ 西北航道对于加拿大来说利益攸关却具有主权争议，加拿大北极问题权威富兰克林·格里菲斯指出，加拿大对于西北航道和其北部地区的各种管理和服务不仅有利于当地民生，更是增加其在北极地区的主权合法性的重要途径，因为加拿大通过提供搜救、导航、破冰、加油等服务并收取服务费的方式，就能够说服各国出于自身利益考虑接受加拿大对相应的北极地区的管理，进而逐步认可加拿大在这些地区的实质性控制。④ 中国能够为加拿大对西北航道的管理提供实质性的贡献，中国既《北极航行指南（东北航道）2014》出版之后，《北极航行指南（西北航道）2015》也于2016年4月出版发行。⑤ 研究表明，北极航道对于促进中国和包括加拿大在内

---

① 李志军等：《北极气候变化对加拿大和中国社会与经济的影响》，载《内蒙古大学学报（哲学社会科学版）》2010年第1期，第128—131页。

② 同上书，第128—131页。

③ 同上。

④ Franklyn Griffiths, "Pathetic Fallacy: That Canada's Arctic Sovereignty is on Thinning Ice," *Canadian foreign Policy*, XI (2004), pp. 1–16.

⑤ 《北极西北航道航行指南出版》，中央政府门户网站，http://www.gov.cn/xinwen/2016-04/20/content_5066122.htm，上网时间：2016年6月6日。

的沿岸过的贸易都有着重要的促进作用。① 因而两国在开发西北航道方面有着共同的利益诉求和广阔的合作空间。

"关于北极资源开发,中国起步很晚,目前仅有个别企业通过与外国公司合作的方式参与有关项目。中国支持合理、有序开发北极,坚持相关活动应当遵守有关国际规则和北极国家的国内法,尊重北极土著人的利益和关切,保护北极生态环境,以可持续的方式进行。"② 从前文关于成立北极理事会的历史不难看出,北极地区可持续的经济发展是北极地区的原住民的核心诉求;中国的经济发展也有着巨大的能源需求。然而,北极地区生态环境脆弱,中远集团在 2013 年出席首届"北极圈论坛"时做出表态"探索和利用北极资源必须把环保作为首要任务"③,体现了中国企业在开发北极资源过程中"可持续发展"的意识,以"可持续发展"的方式开发北极资源将会受到加拿大北极原住民的欢迎。在把握北极资源开发的时机的同时,中国也不可低估其中的风险和复杂程度。④

"关于北极土著人,中国一贯尊重其传统和文化,重视北极土著人的关切和需求。2013 年,中国承办了第五届世界驯鹿养殖者代表大会。中国愿继续通过适当的项目向土著人群体做出自己的

---

① 李振福、丁超君:《中国与北极航线沿岸区域经济合作潜力研究》,载《国际商务——对外经济贸易大学学报》,2015 年第 6 期,第 125—135 页。
② 《中国的北极活动与政策主张》,外交部副部长张明在"第三届北极圈论坛大会"中国国别专题会议上的主旨发言,2015 年 10 月 16 日,http://www.fmprc.gov.cn/web/wjb_673085/zzjg_673183/tyfls_674667/xwlb_674669/t1306852.shtml,上网时间:2016 年 6 月 6 日。
③ 程保志:《北极开发全球瞩目——冰岛"北极圈论坛"亲历记》,载《中国海洋报》2013 年 11 月 4 日第 4 版。
④ 潘敏:《机遇与风险:北极环境变化对中国能源安全的影响及对策分析》,载《中国软科学》2014 年第 9 期,第 19 页。

贡献。中国将向有关基金提供资助，支持北极土著人群体能力建设。"① 现任的特鲁多总理在竞选纲领中表态将注重原住民地区的住房等基础设施建设，并在大选中成功获得了加拿大北部地区全部三个席位后，在对原住民及北方事务部（Indigenous and Northern Affairs）部长的授权信中将北部地区的民生问题作为工作重点。② 中国政府所提出的为加拿大原住民群体做出贡献的愿望与加拿大北极地区原住民的需求可谓一拍即合，加拿大"原住民自身强烈的发展意愿，自治政府开放的政策环境，可以作为中国参与北极事务的最佳路径"。③

小　　结

近年来中国对于北极事务的重视程度和投入力度日益增强，不仅在北极科考领域与各国广泛展开合作，还以"近北极国家"的身份广泛参与了北极地区各种区域治理机构。中加两国在北极问题上有着巨大的合作潜力。加拿大作为北极理事会的创始国以及北极地区的区域大国，在北极区域治理以及各种区域事务中都有着举足轻重的影响力，是中国深入参与北极事务的理想合作伙伴。加拿大与其他北极国家一样，对域外国家参与北极事务持戒备态度，并通过《伊卢利萨特宣言》和《努克宣言》等区域治理

---

① 《中国的北极活动与政策主张》，外交部副部长张明在"第三届北极圈论坛大会"中国国别专题会议上的主旨发言，2015 年 10 月 16 日，http：//www.fmprc.gov.cn/web/wjb_673085/zzjg_673183/tyfls_674667/xwlb_674669/t1306852.shtml，上网时间：2016 年 6 月 6 日。

② Office of the Prime Minister, "Minister of Indigenous and Northern Affairs Mandate Letter," retrieved on June 1, 2016, at http：//pm.gc.ca/eng/minister-indigenous-and-northern-affairs-mandate-letter.

③ 潘敏、夏文佳：《近年来加拿大的北极政策：兼论中国在努纳武特地区合作的可能性》，载《国际观察》2011 年第 4 期，第 29 页。

机制对域外国家进行限制。然而，同时加拿大也面临着北极国家之间的竞争，尤其是美国和俄罗斯两个大国的限制。中国参与北极事务秉承"尊重、合作、共赢"的原则，不会威胁到任何北极国家的地位和利益；同时，中国希望在北极地区的科研、环保、航运、资源开发、原住民事务等各个领域有更深度的参与，这与加拿大在这些领域的议程完全一致。对于加拿大这个中等强国来说，与中国开展各个领域以及区域治理方面的合作有利于在北极区域治理中与大国的博弈，也有利于推进北极的各个具体议程。因而，中国是加拿大在北极事务上理想的域外合作伙伴。

结 论

二战后，加拿大的北极政策可以大致分为三个时期：1945 年到 1968 年期间是加拿大取得在其北极区域的岛屿主权的时期，1968 年到 1993 年期间是加拿大基本确立在北极区域的水域主权的时期，1993 年之后是加拿大建立和推动在北极地区的区域治理的时期。加拿大北极政策在上述的三个时期呈现出一些阶段性特点，可以分别用"等级路径""功能路径"和"行为路径"的中等强国外交行为理论来解释。不同阶段的北极政策从整体上体现出加拿大在北极地区的外交行为独立性逐渐增强、对美依赖性逐渐减弱的趋势，而每个阶段的发展又都是国际形势与加拿大的国内因素共同作用的结果。

在 1945 年到 1968 年这段时期，加拿大在北极外交行为独立性最低，对美国的依赖性最高。这一时期加拿大在北极地区的外交行为可以用"等级路径"来解释。"等级路径"是指基于在国际关系结构中的实力差异，将大国作为自己外交的中心，对大国的领导采取拥护、默许、支持的态度；[1] 并且可以

---

[1] John Kirton, *Canadian Foreign Policy in a Changing World* (Toronto: Nelson, 2007), pp. 59 – 71.

通过对大国的"结构性领导力"的服从来从谈判中换取利益。① 在这段时期,北极地区也是冷战期间美苏对垒的前沿阵地,加拿大地处两国之间战略位置重要;由于加拿大受到美国的管控,所以美国就是加拿大的北极政策的中心。美国要求在加拿大境内建立"气象站"和"远程预警线"等旨在对抗苏联的军事设施,这些无视加拿大主权的要求被加拿大全盘接受并且不打折扣地执行了。虽然加拿大在暗地里与美国讨价还价,免费获得了美国在加所建造的所有军事设施,还获得了美国对加拿大在北极岛屿主权的承认,但是在公开场合加拿大对美国的领导却没有丝毫微词。

在这一时期,加拿大在北极问题上对美国几乎彻底的依赖和服从可以从当时的国际局势以及加拿大自身的国情来解释。从国际环境来看,这段时期冷战愈演愈烈,两个阵营对峙形势紧张,北极地区是美苏之争的前沿阵地,在北极问题上美国对于加拿大是强力控制的。就加拿大而言,在严峻的冷战形势下,苏联被认为是最大的敌人,而加拿大自身的军事实力薄弱,依靠美国似乎是其唯一的选择。而且在二战后刚刚取得外交独立的加拿大在处理国际事务方面还比较稚嫩,在经济方面也仰仗美国的支持,所以服从美国的领导就更是自然而然了。

在1968年到1993年这段时期,加拿大在其北极问题上虽然受到美国的掣肘,但是独立性大大增强。这一时期加拿大的北极政策可以用"功能路径"的外交行为理论来解释。"功能路径"是指不谋求在各个领域的全面的领导力,而是选择具体领

---

① Oran R. Young, "Political Leadership and Regime Formation: On the Development of Institutions in International Society," *International Organization*, XLV (Summer 1991), pp. 288–289.

域、通过实现某种具体的功能来提升自身的地位、实现自己的利益。[①] 这段时期,特鲁多政府和马尔罗尼政府由于分别受到"曼哈顿"号和"极地海"号舆论危机的困扰,亟待解决加拿大在北极相关水域的主权问题。如果加拿大想要获得在北极水域的主权,就必须获得美国以及美国影响下的联合国体系以及国际社会的认可;然而美国基于其在全球海域"自由通行"的原则而反对任何沿岸国对毗邻航道的主权主张,美国的立场由于其发展和使用核潜艇的战略而更加强硬。为了避免与美国直接冲突,特鲁多政府选择"环境保护"这一具体领域、通过《北极水域污染防治法》这一国内立法来宣告加拿大在相关北极水域的功能性主权,然后以支持美国在全球海域的"自由通行"为条件换取美国同意在《联合国海洋法公约》里写入支持北极沿岸国家对北极水域实行环境保护的"北极例外"原则。在此基础上,马尔罗尼政府根据"直线基线"原则宣告了加拿大在相关北极地区的完全主权,并在不影响美国的法律立场的前提下获得美国的默许。

这一时期加拿大的北极政策以不顶撞美国的基本原则为底线、以获得美国以及美国主导的联合国体系的认可为目标,在保持对美国的权威臣服的前提下,从自己所擅长的功能领域入手并不断进取,最终基本确立了在相关北极区域的完全主权。这一时期加拿大在北极政策上独立自主性的提高体现在以下几个方面:第一,加拿大的外交对象扩大了。在前一时期加拿大在北极地区的外交几乎就是对美外交,而这一时期加拿大积极与包括苏联在内的各

[①] J. L Granatstein, *The Ottawa Men: The Civil Service Mandarins*, 1935 – 1957 (Toronto: University of Toronto Press, 1999). Adam Chapnick, "The Canadian Middle Power Myth," *International Journal* (Spring 2000), pp. 188 – 206. Gareth Evans & Bruce Grant, *Australia's Foreign Relations in the World of the 1990s* (Melbourne: Melbourne University Press, 1991), p. 323.

国开展双边外交和多边外交，以对美国施加影响，这种影响力成为"北极例外"原则得以被写入《联合国海洋法公约》的关键原因。第二，加拿大对美国的妥协程度减弱了。在前一个时期，加拿大在公开场合唯美国马首是瞻，几乎没有超越美国的部署的举措。但在这一时期，加拿大在对美国的反对心知肚明的情况下，虽然不与美国正面对抗，但也不卑不亢，积极寻求迂回出路，坚持自己的立场并积极联合其他国家共同对美国施加影响，最终实现自己的主权目标。

加拿大对美国的立场的顾忌是一种基于实力的现实主义考虑，同时体现了加拿大对于冷战时期的国际关系格局和对于美国等大国主导的联合国体系的敏感性。而这一时期加拿大北极政策的独立性的明显增强则与时局变化以及加拿大内政相关。从外因来看，这段时期冷战出现缓和迹象，而且由于苏联成功发明弹道导弹，北极地区失去了拦截苏联轰炸机的战略意义，所以美国对于北极地区的军事控制减弱了。从内因来看，加拿大国内民众要求北极主权的舆论压力迫使加拿大政府对此采取坚决行动，而1968年当选的特鲁多政府具有想要摆脱美国的依赖的强烈的民族主义精神，他在外交方面遵循独立外交的"第三种选择"（Third Option）[①]，就是在他任职期间将环境保护的功能作为确立北极水域主权的突破口。

在1993年到2015年这段时期，加拿大的公民社会与加拿大政府一道，按照本国独立产生的外交议程，成功推动了北极区域治理的核心机构北极理事会的成立并在此后的区域治理中发挥了核心作用。这一时期加拿大的北极政策可以用"行为路径"的中等强国外交行为理论来解释。"行为路径"是指通过"斡

[①] Mitchell Sharp, "Canada-US Relations: Options for the Future," *International Perspectives* (Autumn 1972).

旋、多边主义、世界好公民"①这样典型的外交行为来彰显中等强国在冷战结束后变化着的国际秩序中的影响力。由加拿大公民社会产生的原住民福祉、环境保护、可持续发展等北极理事会的议程超越了狭隘的国家或民族利益，体现了"世界好公民"的责任感和价值观。在推动成立北极理事会的过程中，加拿大与北极八国展开复杂的多边和双边外交，在各方立场不一、议程多次搁浅的情况下通过高超的斡旋最终建立了北极理事会。在此之后的区域治理进程中，加拿大继续发挥其多边外交和斡旋能力，促成了北极理事会的法律性文件《北极海空搜救合作协定》的通过，并在其任北极理事会主席国期间通过了另一份具有法律效力的文件既《北极海洋油污防御与反应合作协定》，并成立了北极经济理事会。

在这段时期加拿大的确不得不对美国进行妥协，比如从北极理事会的议程中取消军事安全议程就是因为美国的强烈反对。但是总体来说这一时期加拿大在北极问题上基本实现了外交的独立性。其表现之一是加拿大对美国的妥协程度继续降低、独立性继续增强。在前一个时期，加拿大力图实现其北极主权的过程是寻找美国不激烈反对的领域来推进其议程的。而在这个时期，面对美国对加拿大提议的北极区域治理议程的不屑和反对，加拿大将妥协的范围降到了最低，除了美国坚决不让步的军事安全问题以外，其他议程基本都得到了实现，而且加拿大甚至将美国整合到了自己的区域治理议程中。其二，由加拿大所推动的以北极理事会为核心的北极地区区域治理基本是在大国主导的联合国体系之外产生的。在前一个时期，加拿大争取北极地区主权的目标是获得大国以及大国主导的联合国体系的认可，虽然从主权的合法性

---

① Andrew F. Cooper et al., *Relocating Middle Powers: Australia and Canada in a Changing World Order* (Vancouver: UBC Press, 1993), p. 19.

结　论

的角度来看这是必要的，但是加拿大对大国态度的顾忌显而易见。但在这个时期，虽然美国和俄罗斯也同样是北极国家，加拿大在推进北极区域治理议程时基本上是按照本国的公民社会所产生的议程另起炉灶独立推进的。

如果说加拿大在取消讨论军事安全议题上对美国的妥协体现了中等强国由于实力差异而服从大国意志的常态，那么这一时期加拿大在北极的外交活动中基本取得了独立地位则与冷战结束后的国际和加拿大国内形势相关。一方面，国际关系格局的体系性变化给了加拿大作为的空间。随着冷战结束，国际关系格局呈现"一超多强"、国际政治出现新的权力空间，而非传统安全议题的重要性上升、获得霸主地位的美国对于非军事安全议题的控制降低，所以加拿大得以在有关原住民、环境、经济等议题的北极区域治理上一展身手。就加拿大的国内政治而言，冷战结束后上台的克雷蒂安政府和他的外交部长阿克斯沃西都对建立冷战后国际新秩序充满热忱，他们对于加拿大的软实力在其中发挥的作用尤其有信心。正是这样的政府才会拥抱公民社会的议程、与加拿大的公民社会形成合力来开拓超越国界的北极区域治理事业。

就在加拿大在北极政策上获得充分的独立性、在北极区域治理中获得重要影响力的背景下，特鲁多总理（1968—1984 年在任）的儿子小特鲁多领导自由党在 2015 年 11 月的大选中当选。小特鲁多政府在北极问题上众望甚高、态度开放，却力不从心。本届自由党政府在竞选纲领中包括了对应对加拿大北部地区气候变化、改善住房条件、营养补贴等，一举高票获得了北部地区全部三个选区的席位，所以小特鲁多政府是被期待在北极问题上有所作为的。几个月之后，当有舆论催促小特鲁多尽快出台其具体的北极政策时①，现政府枢密院办公室外交与国防事务内阁助理秘书汤姆·阿克斯沃西（前文所提到的北极理事会的重要创始人之一、克雷蒂安政府的外交部长劳埃德·阿克斯沃西的弟弟）对小特鲁多政府出台有效的北极政策的前景仍持乐观态度。②

小特鲁多政府对待北极问题的态度与其前任哈珀政府相比更加开放。哈珀政府因为乌克兰危机而拒绝与俄罗斯政府在北极问题上有任何联系，而小特鲁多政府的外交部长狄安（Stéphane Dion）在哈珀上任后不久就宣布与俄罗斯建立更密切的关系。小特鲁多还在2016年3月访美期间，与奥巴马总统发表《美加关于气候、能源、北极领导力的联合声明》③，重申两国愿意在北美国家的北极地区共同开展应对气候变化、清洁能源等方面的合作，这体现了美加两国的高层在北极事务中前所未有的重视。2016年8月，被哈珀政府取消了北极大使职位的原住民领袖玛丽·西蒙被原住民及北方事务部（Indigenous and Northern Affairs）部长任命为"分享式北极领导力模式部长特别代表"（Ministerial Special Representative on the Shared Arctic Leadership Model），作为联邦政府与原住民的伙伴式领导方式的代言人，促进加拿大北部地区原住民解决其所面临的环保、健康、就业、教育等现实问题的解决。④

---

① John Higginbotham, "It's Time for the Liberals to Show Us Their Arctic Plan", Ottawa Citizen, February 15, 2016, retreived on March 6, 2016 at http://ottawacitizen.com/opinion/columnists/its-time-for-the-liberals-to-show-us-their-arctic-plan.

② Thomas Axworthy," Canada's North Could Be Trudeau's Policy Sweet Spot", February 24, 2016 retreived on March 6, 2016 at https://www.opencanada.org/features/canadas-north-could-be-trudeaus-policy-sweet-spot-and-heres-why/.

③ "U. S. - Canada Joint Statement on Climate, Energy, and Arctic Leadership", March 10, 2016, retreived on March 6, 2016 at http://pm.gc.ca/eng/news/2016/03/10/us-canada-joint-statement-climate-energy-and-arctic-leadership.

④ Hannah Hoag, "Northerners to Drive Canada's New Arctic Leadership Model", August 5, 2016, retreived on March 6, 2016 at https://www.newsdeeply.com/arctic/community/2016/08/05/northerners-to-the-fore-in-canadas-new-arctic-leadership-model.

结　论

　　然而，小特鲁多政府至今仍然没有出台关于北极地区的具体举措。2016年9月29日，在纪念北极理事会成立20周年的活动上，外交部长狄安请人代为宣读的贺信中仍然没有提及加拿大政府具体的北极政策，这令多方大为失望，甚至认为加拿大在北极区域治理中的影响力有所下降。[1] 究其原因，就是加拿大国内经济不景气、政府对北极地区无钱投入，心有余而力不足。然而，狄安的信中的确准确无误地传递出的信息是，加拿大希望在不破坏环境的情况下对北极地区的自然资源进行可持续开采，以造福北部原住民群体。

　　小特鲁多政府在北极问题上对各国有着开放的合作态度、对北极地区资源开发有热情有决心，然而由于资金不足对相关议程推进不利，而中国参与北极事务处于上升阶段，对于各项具体议程领域都有参与的热情和自身优势。中加两国在北极有着巨大的合作潜力。北极土著人有一句谚语："在冰融（的危险）时刻你才能看清楚朋友和敌人。"（You never really know your friends from your enemies until the ice breaks.）在目前全球变暖、气候变化的大背景下，北极地区面临巨大的挑战也面临发展的机遇。虽然加拿大也和其他北极国家一样对域外国家参与北极事务有一定的戒备态度，但中国参与北极事务低调而富有建设性，并且在科研、环保、航运、资源开发、原住民事务等领域与加拿大有着共同议程，与中国合作是加拿大深化其北极议程的明智选择。对中国而言，加拿大在制定北极政策方面的独立性以及在北极区域治理方面的影响力也使得加拿大成为中国深入参与北极事务的理想合作伙伴。在目前自由党的小特鲁多政府的领导下，中加双边关系明显回暖。

---

[1] Heather Exner-Pirot & Joel Plouffe, "In Search of a Concrete Arctic Policy," October 6, 2016, retrieved on March 6, 2016 at https://www.opencanada.org/features/search-concrete-arctic-policy/.

2016年9月22日李克强总理访问加拿大，启动了中加总理年度对话机制等一系列旨在深化双边关系的安排，这必将为两国在北极问题上展开更深入的合作创造良好契机。

附录
北极理事会成立宣言[①]
加拿大渥太华,1996年

加拿大、丹麦、芬兰、冰岛、挪威、俄罗斯联邦、瑞典和美利坚合众国(下文统称为北极国家)政府代表齐聚渥太华;

确认我们对北极居民的福祉负有责任,包括特别认识到北极原住民及其群体的特殊关系和他们的对北极的独特贡献;

确认我们对北极地区的可持续发展负有责任,包括经济和社会发展、健康状况提高、文化福祉;

同时确认我们对北极环境保护负有责任,包括北极生态系统的健康、维护北极地区的生物多样性、保护并实现自然资源的可持续利用;

认识到《北极环境保护战略》对这些责任的贡献;

认识到北极原住民及其群体的传统知识,注意到传统知识和北极科研对北极极地地区共同理解的重要性;

---

① "Declaration on the Establishment of the Arctic Council" (September 19, 1996), retrieved on June 6, 2016 from http://www.international.gc.ca/arctic-arctique/ottdec-decott.aspx?lang=eng.

努力进一步提供途径，推动合作活动，解决需要极地合作的北极事务，确保原住民及其群体，以及北极其他居民在此类活动中得到充分协商，并参与进来；

认识到因纽特人北极圈大会、萨米族理事会和俄罗斯联邦远北、西伯利亚和远东原住少数民族协会在北极理事会成立过程中的宝贵贡献与支持；

努力推动政府间对北极事务的常规考虑与磋商。

特此宣布：

1. 北极理事会成立后，作为一个高级别论坛：

（1）提供途径，推动北极国家之间的合作、协调和互动，北极原住民群体和其他北极居民也会参与普遍的北极事务，尤其是北极的可持续发展和环境保护事务。

（2）监管并协调依据北极环境保护战略发起的项目，包括北极监测与评估项目、北极动植物保护项目、北极海洋环境保护项目和突发事件预防反应项目。

（3）落实可持续发展项目的责任范围，并对项目进行监管和协调。

（4）传播信息，推动教育，提高对北极相关事务的兴趣。

2. 北极理事会的成员为：加拿大、丹麦、芬兰、冰岛、挪威、俄罗斯联邦、瑞典和美利坚合众国（北极国家）。因纽特人北极圈大会、萨米族理事会和俄罗斯联邦远北、西伯利亚和远东原住少数民族协会为北极理事会的永久参与方。北极其他原住民组织同样可以成为永久参与方，前提是大多数成员为北极原住民，包括：

（1）居住在一个以上北极国家的同一原住民族；或者

（2）居住在同一北极国家的一个以上北极原住民族。

一个组织是否满足这一标准，由北极理事会决定。永久参与方的数目在任何时候应少于成员总数。

永久参与的范围已经确定，供北极理事会里的北极原住民代表积极参与，充分协商。

3. 北极理事会的观察员身份面向：

（1）非北极国家；

（2）全球和地区的政府间和议会间组织；以及

（3）北极理事会认为会对其工作有所贡献的非政府组织。

4. 北极理事会通常情况下应每两年召开一次会议，高级官员的会晤应该更频繁，以提供联络和协调。每个北极国家应确定一个与北极理事会相关的重点问题。

5. 举办北极理事会会议的职责，包括履行秘书处职能，应在北极国家之间按顺序轮换。

6. 北极理事会的第一项任务应该是执行会议和工作组的议事规则。

7. 北极理事会的决策须由成员国协商一致方能达成。

8. 依据北极环境保护战略成立的原住民秘书处将在北极理事会的框架下延续。

9. 北极理事会应定期审核项目和下属机构的优先事项与财政情况。

我们代表各自政府，认识到北极理事会的政治重要性，力图推动其成效，因此签署本宣言。

北极国家代表于1996年9月19日在渥太华签署。

参考文献

一、中文文献

(一) 中文专著

郭培清：《北极航道的国际问题研究》，海洋出版社，2009年版。

陆俊元：《北极地缘政治与中国应对》，时事出版社，2010年版。

(二) 中文译著

亚历山大·温特著，秦亚青译：《国际政治的社会理论》，世纪出版集团，2008年版。

伊恩·布朗利著，曾令良译：《国际公法原理》，法律出版社，2007年版。

英瓦尔·卡尔松著，赵仲强、李正凌译：《天涯若比邻——全球治理委员会的报告》，中国对外翻译出版公司，1995年版。

詹姆斯·多尔蒂、小罗伯特·普法尔茨格拉夫著，阎学通、陈寒溪等译：《争论中的国际关系理论》，世界知识出版社，2003年版。

(三) 中文文章

陈玉刚、陶平国、秦倩：《北极理事会与北极国际合作研究》，载《国际观察》2011年第4期。

程保志：《北极开发全球瞩目——冰岛"北极圈论坛"亲历记》，载《中国海洋报》2013年11月4日，第4版。

程保志：《北极治理机制的构建与完善：法律与政策层面的思考》，载《国际观察》2011年第4期。

程保志：《北极治理论纲：中国学者的视角》，载《太平洋学报》2012年第10期。

程保志：《试析北极理事会的功能转型与中国的应对策略》，载《国际论坛》2013年第3期。

戴维来：《中等强国集团化的理论研究：发展趋势与中国应对》，载《太平洋学报》2015年第2期。

丁工：《土耳其中等强国外交的现实性和可能性》，载《阿拉伯世界研究》2012年第5期。

丁工：《中等强国崛起及其对中国外交布局的影响》，载《现代国际关系》2011年第10期。

丁工：《中等强国与中国周边外交》，载《世界经济与政治》2014年第7期。

郭培清、董利民：《印度的北极政策及中印北极关系》，载《国际论坛》2014年第5期。

郭培清、卢瑶：《北极治理模式的国际探讨即北极治理实践的新发展》，载《国际观察》2015年第5期。

郭培清、孙凯：《北极理事会的"努克标准"和中国的北极参与之路》，载《世界经济与政治》2013年第12期。

郭培清：《北极理事会永久观察员"门槛"逻辑混乱》，载

《瞭望》2012年第50期。

郭培清：《北极争夺战》，载《海洋世界》2009年9月版。

贺书锋、平瑛、张伟华：《北极航道对中国贸易潜力的影响——基于随机前沿引力模型的实证研究》，载《国际贸易问题》2013年第8期。

黄德明、章成：《北极海域200海里外大陆架划界与北极区域法律制度的构建》，载《法学家》2013年第6期。

黄志雄：《北极问题的国际法分析和思考》，载《国际论坛》2009年第6期。

贾桂德、石午虹：《对新形势下中国参与北极事务的思考》，载《国际展望》2014年第4期。

江涛：《基于中等强国视角下的澳大利亚G20外交》，载《印度洋经济体研究》2014年第5期。

金灿荣：《中国外交须给予中等强国恰当定位》，载《国际展望》2010年第5期。

金灿荣等：《中等强国崛起与中国外交的新着力点》，载《现代国际关系》2014年第8期。

朗斐德等：《加拿大面对的北极挑战：主权、安全与认同》，载《国际展望》2012年第2期。

李峰、郑先武：《区域大国与区域秩序建构——东南亚区域主义进程中的印尼大国角色分析》，载《当代亚太》2015年第3期。

李晗斌：《东北亚国家北极事务合作研究》，载《东北亚论坛》2016年第5期。

李振福：《北极航线的中国战略分析》，载《中国软科学》2009年第1期。

李振福：《地缘政治理论演变与北极航线地缘政治理论假设》，载《世界地理研究》2010年第1期。

李振福：《大北极国家网络及中国的大北极战略研究》，载《东北亚论坛》2015年第2期。

李振福、丁超君：《中国与北极航线沿岸区域经济合作潜力研究》，载《国际商务——对外经济贸易大学学报》2015年第6期。

李志军等：《北极气候变化对加拿大和中国社会与经济的影响》，载《内蒙古大学学报（哲学社会科学版）》2010年第1期。

凌胜利：《韩国的中等强国外交演变：从卢武铉到朴槿惠》，载《当代韩国》2015年第1期。

凌胜利：《韩国中等强国外交的效果为何有限？》，载《太平洋学报》2016年第2期。

刘雨辰：《韩国的中等强国外交：动因、目标与策略》，载《国际论坛》2015年第3期。

柳思思：《"近北极机制"的提出与中国参与北极》，载《社会科学》2012年第10期。

陆俊元：《北极地缘政治竞争的新特点》，载《现代国际关系》2010年第2期。

陆俊元：《北极国家新北极政策的共同取向及对策思考》，载《国际关系学院学报》2011年第3期。

陆俊元：《中国在北极地区的战略利益分析——非传统安全视角》，载《江南社会学院学报》2011年第4期。

马宁：《中等大国的分化与概念重塑》，载《当代亚太》2013年第2期。

潘敏、夏文佳：《近年来加拿大的北极政策：兼论中国在努纳武特地区合作的可能性》，载《国际观察》2011年第4期。

潘敏：《机遇与风险：北极环境变化对中国能源安全的影响及对策分析》，载《中国软科学》2014年第9期。

潘迎春：《中等国家理论的缘起》，载《世界经济与政治论坛》

2009 年第 5 期。

钱皓:《中等强国参与国际事务的路径研究——以加拿大为例》,载《世界经济与政治》2007 年第 6 期。

秦倩、陈玉刚:《后冷战时期北极国际合作》,载《国际问题研究》2011 年第 4 期。

秦亚青:《多边主义研究:理论与方法》,载《世界政治与经济》2001 年第 10 期。

阮建平:《"近北极国家"还是"北极利益攸关者":中国参与北极的身份思考》,载《国际论坛》2016 年第 1 期。

宋黎磊:《北极治理与中国的北极政策》,载《国外理论动态》2015 年第 8 期。

宋效峰:《中等强国视角下的韩国东南亚外交》,载《东南亚南亚研究》2013 年第 2 期。

孙凯:《参与实践、话语互动与身份承认—理解中国参与北极事务的过程》,载《世界经济与政治》2014 年第 7 期。

孙凯、郭培清:《北极理事会的改革与变迁研究》,载《中国海洋大学学报(社会科学版)》2012 年第 2 期。

孙凯、郭培清:《北极治理机制变迁及中国的参与战略研究》,载《世界经济与政治论坛》2012 年第 2 期。

孙凯、王晨光:《国家利益视角下的中俄北极合作》,载《东北亚论坛》2014 年第 6 期。

孙凯、张亮:《北极变迁视角下中国北极利益共同体的构建》,载《国际关系研究》2013 年第 1 期。

唐纲:《参与全球治理的中等强国:一项现实议题的研究》,载《太平洋学报》2012 年第 8 期。

唐国强:《北极问题与中国的政策》,载《国际问题研究》2013 年第 1 期。

唐小松、宾科：《陆克文中等强国外交评析》，载《现代国际关系》2008 年第 10 期。

王丹、张浩：《北极通航对中国北方港口的影响及其应对策略研究》，载《中国软科学》2014 年第 3 期。

王晨光：《北极治理法制化与中国的身份定位》，载《领导科学论坛》2016 年 1 月。

王新和：《国家利益视角下的中国北极身份》，载《太平洋学报》2013 年第 5 期。

魏光启：《中等国家与全球多边治理》，载《太平洋学报》2010 年第 12 期。

夏立平：《北极环境变化对全球安全和中国国家安全的影响》，载《世界经济与政治》2011 年第 1 期。

肖洋：《北极理事会"域内自理化"与中国参与北极事务路径探析》，载《现代国际关系》2014 年第 1 期。

肖洋：《北极理事会视域下的中加北极合作》，载《和平与发展》2015 年第 2 期。

肖洋：《中俄共建"北极能源走廊"：战略支点与推进理路》，载《东北亚论坛》2016 年第 5 期。

严双伍、李默：《北极争端的症结及其解决路径—公共物品的视角》，载《武汉大学学报（哲学社会科学版）》2009 年第 6 期。

杨剑：《北极航道：欧盟的政策目标和外交实践》，载《太平洋学报》2013 年第 3 期。

杨剑：《北极航运与中国北极政策定位》，载《国际观察》2014 年第 1 期。

杨振姣等：《北极生态安全对中国国家安全的影响及应对策略》，载《海洋环境科学》2013 年第 4 期。

叶江：《试论北极事务中地缘政治理论与治理理论的双重影

响》，载《国际观察》2013年第2期。

余潇枫、李佳：《非传统安全：中国的认知与应对（1978—2008年）》，载《世界经济与政治》2008年第11期。

张笑一：《加拿大哈珀政府北极安全政策评析》，载《现代国际关系》2016年第7期。

赵晨：《国内政治文化与全球治理：基于加拿大的考察》，载《世界经济与政治》2012年第10期。

朱宝林：《解读加拿大的北极战略——基于中等国家视角》，载《世界经济与政治论坛》2016年第4期。

（四）中文学位论文

崔越：《澳大利亚二战后对外行为逻辑分析——基于中等强国研究的理论视角》，外交学院博士学位论文，2014年6月。

丁工：《中等强国的崛起与中国外交布局的调整》，中共中央党校博士学位论文，2012年5月。

康文中：《大国博弈下的北极治理与中国权益》，中共中央党校博士学位论文，2012年6月。

孟德宾：《北极航道对全球贸易格局的影响研究》，上海社会科学院博士学位论文，2015年3月。

孙豫宁：《北极治理模式研究》，外交学院博士学位论文，2012年4月。

唐纲：《中等强国参与全球治理研究——议程设置的视角》，上海外国语大学博士学位论文，2012年5月。

王大鹏：《北极问题的软法规制研究》，大连海事大学博士学位论文，2012年11月。

赵隆：《论北极治理范式及其"阶段性递进"机理》，华东师范大学博士学位论文，2014年5月。

邹磊磊:《南北极渔业管理机制的对比研究及中国的极地渔业政策》,上海海洋大学博士学位论文,2014年4月。

二、英文文献

(一) 英文专著

Alexander, Lewis M., ed. *Proceedings of the Fifth Annual Conference of the Law of the Sea Institute*, June 15 – 19, 1970 (Rhode Island: University of Rhode Island, 1971).

Baldwin, Andrew, et al., eds. *Rethinking the Great White North: Race, Nature and the Historical Geographies of Whiteness in Canada* (Vancouver: UBC Press, 2011).

Bow, Brian, & Patrick Lennox, eds. *An Independent Foreign Policy for Canada? Challenges and Choices for the Future* (Toronto: University of Toronto Press, 2008).

Byers, Michael. *International Law and the Arctic* (Cambridge: Cambridge University Press, 2013).

Byers, Michael. *Who Owns the Arctic? Understanding Sovereignty Disputes in the North* (Douglas & McIntyre, 2009).

Cavell, Janice, & Jeff Noakes. *Acts of Occupation: Canada and Arctic Sovereignty*, 1918 – 25 (Vancouver: UBC Press, 2010).

Coates, Ken S. et al.. *Arctic Front: Defending Canada in the Far North* (Toronto: Thomas Allen Publishers, 2010).

Cooper, Andrew F., ed. *Niche Diplomacy: Middle Powers after the Cold War* (Basingstoke: Macmillan Press, 1997).

Cooper, Andrew F., et al.. *Relocating Middle Powers: Australia and Canada in a Changing World Order* (Vancouver: UBC Press,

1993).

Dosman, E. J., ed. *Sovereignty and Security in the Arctic* (New York: Routledge, 1989).

Dosman, E. J., ed. *The Arctic in Question* (Toronto: Oxford University Press, 1976).

Dosman, Edgar. *The National Interest: The Politics of Northern Development 1968 – 1975* (McClelland and Stewart, 1975).

Elliot-Meisel, Elizabeth B.. *Arctic Diplomacy: Canada and the United States in the Northwest Passage* (New York: Peter Lang, 1998).

English, John. *Ice and Water: Politics, Peoples, and the Arctic Council* (Toronto: Allen Lane, 2013).

Evans, Gareth, & Bruce Grant. *Australia's Foreign Relations in the World of the 1990s* (Melbourne: Melbourne University Press, 1991).

Gilley, Bruce & Andrew O'Neil, eds. *Middle Powers and the Rise of China* (Washington: Georgetown University Press, 2014).

Gordon, J. King, ed. *Canada's Role as a Middle Power* (Toronto: The Canadian Institute of International Affairs, 1965).

Grace, Sherrill E.. *Canada and the Idea of North* (Montreal: McGill-Queen's University Press, 2001).

Grant, Shelagh. *Polar Imperative* (Toronto: Douglas and McIntyre, 2010).

Grant, Shelagh. *Sovereignty or Security?: Government Policy in the Canadian North* (Vancouver: UBC Press, 1994).

Griffiths, Franklynet al.. *Canada and the Changing Arctic: Sovereignty, Security, and Stewardship* (Ontario: Wilfrid Laurier University Press, 2011).

Haas, Ernest B.. *Beyond Nation State: Functionalism and Interna-*

tional Organization (Stanford: Stanford University Press, 1964).

Hampson, Fen, Norman Hillmer & Maureen Appel Molot, eds. *Canada among Nations* 2001: *The Axworthy Legacy* (Don Mills: Oxford University Press, 2001).

Head, Ivan& Pierre Trudeau. *The Canadian Way: Shaping Canada's Foreign Policy* 1968 – 1984 (McClelland and Stewart, 1995).

Holmes, John. *Life with Uncle: the Canadian American Relationship* (Toronto: University of Toronto Press, 1981).

Holmes, John W.. *Canada: A Middle-Aged Power* (Toronto: Carleton University Press, 1976).

James, Patrick, et al., eds. *Handbook of Canadian Foreign Policy* (Toronto: Lexington Books, 2006).

James, Patrick. *Constitutional Politics in Canada after the Charter: Liberalism, Communitarianism and Systemism* (UBC Press, 2011).

Kirton, John. *Canadian Foreign Policy in a Changing World* (Toronto: Nelson, 2007).

Lackenbauer, P. Whitney, & Peter Kikkert, ed. *The Canadian Forces and Arctic Sovereignty* (Ontario: LCMSDS Press of Wilfred Laurier University, 2010).

Lackenbauer, P. Whitney. *The Canadian Rangers* (Vancouver: UBC Press, 2013).

Lajeunesse, Adam. *Lock, Stock, and Icebergs: A History of Canada's Arctic Maritime Sovereignty* (Vancouver: UBC Press, 2016).

McDorman, Ted. *Salt Water Neighbors: International Ocean law Relations between United States and Canada* (Oxford: Oxford University Press, 2009).

Mitrany, David. *The Progress of International Government* (London: George Allen & Unwin, 1933).

Moore, S. W.. *Defending Canadian Arctic Sovereignty: An Examination of Prime Minister Harper's Arctic Initiatives* (Toronto: Canadian Forces College, 2007).

Pharand, Donat. *Canada's Arctic Waters in International Law* (Cambridge: Cambridge University Press, 1988).

Pickersgill, Jack, & D. F. Forster. *Mackenzie King Record* (Toronto: University of Toronto Press, 1973).

Sanger, Clyde. *Ordering the Oceans: The Making of the Law of the Sea* (Toronto: University of Toronto Press, 1987).

Young, Oran. *Creating Regimes: Arctic Accords and International Governance* (Ithaca and London: Cornell University Press, 1998).

(二) 英文文章

Beeson, Mark. "Can Australia Save the World? The Limits and Possibilities of Middle Power Diplomacy," *Australian Journal of International Affairs*, XLV (November 2011).

Behringer, Ronald M.. "Middle Power Leadership on the Human Security Agenda," *Cooperation and Conflict*, XL (2005).

Blaxekjær, Lau. "Korea as Green Middle Power: Green Growth Strategic Action in the Field of Global Environmental Governance," *International Relations of the Asia-Pacific*, (November 2015).

Bloom, Evan T.. "Establishment of the Arctic Council," *The American Journal of International Law*, XCIII (July 1999).

Brady, Anne-Marie. "Polar Stakes: China's Polar Activities as a Benchmark for Intentions," *China Brief*, VII (July 2012).

Carr, Andrew. "Is Australia a Middle Power?," *Australian Jour-*

nal of International Affairs, LXVIII.

Chapnick, Adam. "The Canadian Middle Power Myth," *International Journal*, (Spring 2000).

Chapnick, Adam. "The Middle Power," *Canadian Foreign Policy*, VII (Winter 1999).

Charron, Andrea. "The Northwest Passage: Is Canada's Sovereignty Floating Away?," *International Journal*, LX (Summer 2005).

Claxton, Brooke. "The Place of Canada in Post-War Organization," *Canadian Journal of Economics and Political Science*, X (1944).

Cooper, Andrew F.. "Beyond the Middle Power Model: Canada in a Reshaping Global Order," *South African Journal of International Affairs*, XXII (2015).

Cooper, Andrew F.. "Squeezed or revitalized? Middle Powers, the G20 and the Evolution of Global Governance," *Third World Quarterly*, XXXIV (2013).

Cox, Robert W.. "Middlepowermanship, Japan, and Future World Order," *International Journal*, XLIV (1989).

Eduard, Jordaan. "The Concept of a Middle Power in International Relations: Distinguishing between Emerging and Traditional Middle Powers," *Politikon: South African Journal of Political Studies*, XXX (2003).

Dolata-Kreutzkamp, Petra. "Canada's Arctic Policy: Transcending the Middle Power Model?" *Canada's Foreign and Security Policy: Soft and Hard Strategies of a Middle Power*, eds. Nik Hynek & David Bosold, (Ontario: Oxford University Press, 2010).

Emmers, Ralf, & Sarah Teo. "Regional Security Strategies of

Middle Powers in the Asia-Pacific," XV (2015).

Gelber, Lionel. "Canada's New Stature," *Foreign Affairs*, XXIV (1945 – 1946).

Graham, Bill. "Foreword," *Canada and the Changing Arctic: Sovereignty, Security, and Stewardship*, eds. Franklyn Griffiths et al. (Ontario: Wilfrid Laurier University Press, 2011).

Greaves, Wilfrid. "For whom, fromWhat? Canada's Arctic Policy and the Narrowing of Human Security," *International Journal*, LXVII (Winter 2011 – 12).

Griffiths, Franklyn. "Pathetic Fallacy: That Canada's Arctic Sovereignty is on Thinning Ice," *Canadian foreign Policy*, XI (2004).

Griffiths, Franklyn. "The Northwest Passage in Transit," *International Journal*, LIV (Spring 1999).

Griffiths, Franklyn. "The Shipping News: Canada's Arctic Sovereignty Not on Thinning Ice," *International Journal*, LVIII (Spring 2003).

Higgott, Richard A., & Andrew Fenton Cooper. "Middle Power Leadership and Coalition Building: Australia, the Cairns Group, and the Uruguay Round of Trade Negotiations," *International Organization*, XLIV (September 1990).

Holbraad, Carsten. "The Role of Middle Powers," *Cooperation and Conflict*, VI (1971).

Horn, Bernd. "Gateway to Invasion or the Curse of Geography? The Canadian Arctic and the Question of Security, 1939 – 1999," *Forging a Nation: Perspectives on the Canadian Military Experience*, ed. Bernd Horn (St. Catharine's: Vanwell Publishing, 2002).

Huebert, Rob. "Article 234 and Maritime Pollution Jurisdiction in the Arctic," *The Law of the Sea and Polar Maritime Delimitation and Jurisdiction*, eds. Alex G. Oude Elferink & Donald Rothwell (Martinus Nijhoff Publishers, 2001).

Huebert, Rob. "Canadian Arctic Security Issues: Transformation in the Post-Cold War Era," LIV (Spring 1999).

Huebert, Rob. "Climate Change and Canadian Sovereignty in the Northwest Passage," *Isuma*, II (Winter 2001-2002).

Huebert, Rob. "On Thinning Ice," *Northern Perspectives*, XXVII (Spring 2002).

Keohane, Robert O.. "Lilliputians' Dilemmas: SmallStates in International Politics," *International Organization*, XXIII (1969).

Kirkey, Christopher. "Smoothing Troubled Waters: The 1988 Canada-United States Arctic Co-operation Agreement," *International Journal*, L (Spring 1995).

Kirkey, Christopher. "The Arctic WatersPollution Prevention Initiatives: Canada's Response to an American Challenge," *International Journal of Canadian Studies*, XIII (Spring 1996).

Kirton, John, & Don Munton. "The Manhattan Voyages and Their Aftermath," *The Politics of the Northwest Passage*, ed. Franklyn Griffiths (Mc-Gill-Queens University Press, 1987).

Lackenbauer, P. Whitney, & Peter Kikkert. "Sovereignty and Security: The Department of External Affairs, the United States, and Arctic Sovereignty, 1945-68," *Serving the National Interest: Canada's Department of Foreign Affairs and International Trade, 1909-2009*, eds. Greg Donaghy & Michael Carroll (Calgary: University of Calgary Press, 2011).

M'Gonigle, R. Michael, & Mark W. Zacher. "Canadian Foreign Policy and the Control of Marine pollution," *Canadian Foreign Policy and the Law of the Sea*, eds. Johnson & Zacher (Vancouver: UBC Press, 1977).

Mroczkowski, Isabella. "China's Arctic Powerplay," *The Diplomat*, (February 2012).

Nossal, Kim Richard. "'Middlepowerhood' and 'Middlepowermanship' in Canadian Foreign Policy," in *Canada's Foreign and Security Policy: Soft and Hard Strategies of a Middle Power*, eds. Nik Hynek & David Bosold, (Ontario: Oxford University Press, 2010).

Pharand, Donat. "The Northwest Passage in International Law," *Canadian Yearbook of International Law*, XVII (1979).

Pharand, Donat. "The Waters of the Canadian Arctic Islands," *Ottawa Law Review*, III (1968 – 1969).

Purver, Ron. "The Arctic in Canadian Security Policy, 1945 to the Present," *Canada's International Security Policy*, eds. David B. Dewitt & David Leyton-Brown (Ontario: Prentice Hall Canada Inc., 1995).

Purver, Ronald. "Arctic Security: The Murmansk Initiative and Its Impact," *Current Research on Peace and Violence*, XI (1988).

Ravenhill, John. "Cycles of Middle Power Activism: Constraint and Choices in Australian and Canadian Foreign Policies," *Australian Journal of International Affairs*, LII (1998).

Sharp, Mitchell. "Canada-US Relations: Options for the Future," *International Perspectives*, (Autumn 1972).

Taylor, Paul. "Functionalism: The Approach of David Mitrany," *Framework for International Cooperation*, eds. A. J. R. Groom & Paul Taylor (London: Pinter Publishers, 1990).

Ungerer, Carl. "The 'Middle Power' Concept in Australian Foreign Policy," *Australian Journal of Politics and History*, LIII (November 2007).

Vanderswaag, David, & Donat Pharand. "Inuit and Ice: Implications for Canadian Arctic Waters," *Canadian Yearbook of International Law*, XXI (1983).

Wright, David Curtis. "The Panda Bear Readies to Meet the Polar Bear: China Debates and Formulates Foreign Policytowards Arctic Affairs and Canada's Arctic Sovereignty," Canadian Defence& Foreign Affairs Institute, March 2011.

Westhuizen, Janis Van Der. "South Africaś Emergence as a Middle Power," *Third World Quarterly*, XIX (1998).

Wilkins, Thomas. "Australia and Middle Power Approaches to Asia Pacific Regionalism," *Australian Journal of Political Science*, (September 2016).

Wright, Quincy. "TheCorfu Channel Case, April 9 1949," *The American Journal of International Law*, XLIII (July 1949).

Yang, Huigen. "Development of China's Polar Linkages," *Canadian Naval Review*, VIII (Fall 2012).

Young, Oran R.. "Political Leadership and Regime Formation: On the Development of Institutions in International Society," *International Organization*, XLV (Summer 1991).

（三）英文学位论文

Behringer, Ronald Martin. *Middle Power Leadership on Human Security* (PHD Thesis of University of Florida, 2004).

Carr, Andrew Ossie. *Australia as a Middle Power Norm Entrepreneur in the Asia-Pacific 1983 – 2010* (PHD thesis of University of Canberra, March 2012).

Chapnick, Adam Harris. *Redefining Canadian: A History of Canada and the Origins of the United Nations Organization*, 1941 – 1945 (PHD Thesis of University of Toronto, 2004).

G., Herd A. W.. *As Practicable: Canada-United States Continental Air Defense Cooperation* 1953 – 1954 (MA thesis of Kansas State University, 2005).

Huebert, Rob. *Steel, Ice, and Decision-Making: The Voyage of the Polar Sea and Its Aftermath—the Making of Canadian Northern Foreign Policy* (PHD thesis of Dalhousie University, Halifax, 1994).

Jelinski, Cameron. *Diplomacy and the Lomonosov Ridge: Prospects for International Cooperation in the Arctic* (Master Thesis of University of the British Columbia, August 2010).

Nankivell, Justin. *Arctic Legal Tides: The Politics of International Law in the Northwest Passage* (PHD Thesis of the University of British Columbia, July 2010).

Ping, Jonathan H.. *Middle Power Statecraft: Indonesia and Malaysia* (PHD thesis of University of Adelaide, 2004).

W., Evans M.. *The Establishment of the Distant Early Warning Line*, 1952 – 1957: *A Study of Continental Defense Policymaking* (MA thesis of Bowling Green University, 1995).

Wylie, Andrew. *Environmental Security and the Canadian Arctic* (Master Thesis of University of Calgary, November 2002).

（四）英文报告

Canadian Arctic Resources Committee, "The Arctic Environment and Canada's International Relations," The Report of a Working Group of the National Capital Branch of the Canadian Institute of International Affairs, (March 1991).

"Canadian-US Relations in the Arctic Borderlands," Background Paper Prepared from a Canadian Perspective for the Pearson-Dickey Conference, Whitehorse, (May 1990).

Dean, Ryan, et al.. "Canadian Arctic Defense Policy: A Synthesis of Key Documents, 1970 – 2013," *Documents on Canadian Arctic Sovereignty and Security*, (2014).

Griffiths, Franklyn. "Arctic Council Origins: A Memoir," Gordon Foundation, (March 20, 2011).

Huebert, Rob, et al. "Climate Change & International Security: The Arctic as a Bellwether," Center for Climate and Energy Solutions, (May 2012).

Jacobson, Linda, & Jingchao Peng. "China's Arctic Aspirations," *SIPRI (Stockholm International Peace Research Institute) Policy Paper 34*, (November 2012).

Kikkert, Peter, & P. Whitney Lackenbauer. "Legal Appraisals of Canada's Arctic Sovereignty: Key Documents 1905 – 56," *Documents on Canadian Arctic Sovereignty and Security*, (November 2014).

Lackenbauer, P. Whitney, & Daniel Heidt. "The Advisory Committee on Northern Development: Context and Meeting Minutes1948 – 66," *Documents on Canadian Arctic Sovereignty and Security*, (November 2015).

Lajeunesse, Adam. "Ice Islands in Canadian Policy: 1954 – 71," *Documents on Canadian Arctic Sovereignty and Security*, (November 2015).

Lamb, John. "Early History of the Arctic Council," Gordon

Foundation, (October 20, 2010).

Larsen, Joan Nymand, & Gail Fondahl eds. "Arctic Human Development Report: Regional Processes and Global Linkages," Nordic Council of Ministers, (2015).

三、一手资料

(一) 法律文本

American Society of International Law, "Documentation Concerning Canadian Legislation on Arctic Pollution and territorial Sea and Fishing Zones," *International Legal Materials*, IX (May 1970).

Canada, 28th Parliament, 2nd session, *Arctic Waters Pollution Prevention Act*, C-202 (June 1970).

Canada, 28th Parliament, 2nd session, *Bill to amend the Territorial Sea and Fishing Zones Act of 1964*, C-203 (June 1970).

United Nations, *Convention on the Law of the Sea* (December 1982).

(二) 加拿大政府及议会文件

Department of Foreign Affairs and International Trade, "Statement on Canada's Arctic Foreign Policy: Exercising Sovereignty and Promoting Canada's Northern Strategy Abroad," (August 2010).

Department of National Defence, "Canada First Defence Strategy," (May 2008).

Minister of Indian Affairs and Northern Development, "Canada's Northern Strategy: Our North, Our Heritage, Our Future," (July 2009).

Office of the Prime Minister, "Minister of Indigenous and Northern Affairs Mandate Letter," (2015).

28th parliament, *House of Commons Debates* (1969 & 1970).

(三) 非政府组织文件

Arctic Economic Council, "Arctic Economic Council: Messaging" (September 2014).

Arctic Council, "The Review of The Arctic Council Structures," (October 2001).

Arctic Council, "Senior Arctic Officials Report to Ministers," Nuuk, Greenland (May 2011).

Arctic Council, "Agreement on Cooperation on Marine Oil Pollution Preparedness and Response in the Arctic," (May 2013).

Arctic Council Panel, *To Establish an International Arctic Council: A Framework Report* (Ottawa: Canadian Arctic Resources Committee, 1991).

Arctic Ocean Conference, "Ilulissat Declaration," Ilulissat, Greenland (May 2008).

(四) 演讲

王毅:《中国秉承尊重、合作与共赢三大政策理念参与北极事务》, 2015 年 10 月 16 日。

张明:《中国的北极活动与政策主张》, 2015 年 10 月 16 日。

Gorbachev, Mikhail. "Speech in Murmansk at the Ceremonial Meeting on the Occasion of the Presentation of the Order of Lenin and the Gold Star to the City of Murmansk," (Murmansk, Soviet Union, October 1, 1987).

Trudeau, Pierre. "Speech from the Throne toOpen the Second Session of the 39th Parliament of Canada," (Ottawa, October 1969).

(五) 新闻媒体

Arctic Power

Barents Observer

Globe and Mail

New York Times

Nunatsiaq News

Toronto Star

Toronto Sun

(六) 网站

加拿大议会：http：//parl. canadiana. ca/。

加拿大总理办公室：http：//pm. gc. ca/。

加拿大外交部：http：//www. international. gc. ca/。

加拿大国防部：http：//www. forces. gc. ca/。

戈登基金会：www. gordonfoundation. ca。

北极大学：www. uarctic. org。

中国政府网：http：//www. gov. cn/。

中华人民共和国外交部：http：//www. fmprc. gov. cn/web/。

中国极地研究中心：http：//www. pric. org. cn/。

图书在版编目（CIP）数据

中等强国外交行为理论视野下的加拿大北极政策研究＝A Study of Canada's Arctic Policy Informed by Theories of Middle Power Diplomatic Behavior/张笑一著.—北京：时事出版社，2018.1

ISBN 978-7-5195-0141-9

Ⅰ.①中… Ⅱ.①张… Ⅲ.①北极—外交政策—研究—加拿大 Ⅳ.①D871.10

中国版本图书馆 CIP 数据核字（2017）第 239730 号

出 版 发 行：时事出版社
地　　　　址：北京市海淀区万寿寺甲 2 号
邮　　　　编：100081
发 行 热 线：（010）88547590　88547591
读者服务部：（010）88547595
传　　　　真：（010）88547592
电 子 邮 箱：shishichubanshe@sina.com
网　　　　址：www.shishishe.com
印　　　　刷：北京朝阳印刷厂有限责任公司

开本：787×1092　1/16　印张：12.75　字数：180 千字
2018 年 1 月第 1 版　2018 年 1 月第 1 次印刷
定价：75.00 元
（如有印装质量问题，请与本社发行部联系调换）